은혜와 감동이 있는 숨겨진
찬송이야기

은혜와 감동이 있는 숨겨진 찬송이야기

가슴 절절한 찬송 속 숨어 있는 이야기를
당신의 고백이 되게 하라

김남수 지음

아가페

머리글

찬송은
가사와 음악이 결합된
하나님이 주신 특별한 선물입니다.

하나님은 영광을 받으시기 위해
우리에게 말로 표현할 수 있는 언어와
소리로 표현할 수 있는 음악을 주셨습니다.
찬송으로 구원의 기쁨을 노래하게 하신 것입니다.
우리는 하나님을 온 마음으로 찬양할 때
진정한 기쁨을 누리도록 창조되었습니다.

많은 찬송들이 삶의 고난 가운데
믿음을 지켜낸 결과로 태어났습니다.
찬송에 얽힌 이야기는 살아 있는 간증이므로
우리는 이를 통해 하나님의 섭리를
조금이나마 엿볼 수 있습니다.

이 책은

호흡이 있는 날까지

하나님과 교회를 섬기려는 목회자,

최선의 찬양을 최고의 하나님께 드리려는 찬양대원,

그리고

오직 하나님을 찬양하며

만족하려는 모든 이에게

찬송에 숨겨진 이야기를 소개하는 책입니다.

사랑하는 아들 동녘, 딸 사라와 아내 윤은희

그리고 원고를 교정해 준 조은혜 자매와

찬송 이야기를 읽는 모든 그리스도인들이

하나님을 가장 기뻐함으로

그분을 높여 드리기를 소원합니다.

2012. 8. 김남수

찬송 이야기 차례

머리글

01 혼자 살아남았음! • 내 평생에 가는 길(새 413 · 통 470) 12
02 도시락에서 발견한 쪽지 • 그 크신 하나님의 사랑(새 304 · 통 404) 16
03 완성하기까지 13년 걸린 찬송 • 내 구주 예수를 더욱 사랑(새 314 · 통 511) 20
04 소설 속 찬송이 현실에서 불리다 • 예수 사랑하심을(새 563 · 통 411) 24
05 매 시간 주님이 필요해요 • 주 음성 외에는(새 446 · 통 500) 28
06 이것이 나의 간증이오 • 예수를 나의 구주 삼고(새 288 · 통 204) 32
07 감사가 터져나오다 • 다 감사드리세(새 66 · 통 20) 36
08 갑판 위에서의 마지막 • 내 주를 가까이하게 함은(새 338 · 통 364) 40
09 얼어붙은 마음이 녹아내리다 • 내 영혼에 햇빛 비치니(새 428 · 통 488) 44
10 노예 무역선 선장이 목사가 되다 • 나 같은 죄인 살리신(새 305 · 통 405) 48

11 고장난 오르간 • 고요한 밤 거룩한 밤(새 109 · 통 109) 52
12 일사(一死) 각오 • 서쪽 하늘 붉은 노을(새 158) 56
13 뜨거운 박수갈채도 예수님과 바꿀 수 없다 • 주 예수보다 더 귀한 것은 없네(새 94 · 통 102) 60
14 설교가 찬송이 되다 • 예수가 거느리시니(새 390 · 통 444) 64
15 불쌍한 눈먼 아이야 • 인애하신 구세주여(새 279 · 통 337) 68
16 열여섯 살 소년이 남긴 걸작 • 내 주 되신 주를 참 사랑하고(새 315 · 통 512) 72
17 어머니의 사랑 • 어머니의 넓은 사랑(새 579 · 통 304) 76
18 멈추지 않고 찬송을 쓰다 • 비바람이 칠 때와(새 388 · 통 441) 80
19 5대를 이어 목회한 가문 • 빛나고 높은 보좌와(새 27 · 통 27) 84
20 불에 타지 않은 종이 • 내 너를 위하여(새 311 · 통 185) 88

21 120년이 지나서야 빛을 본 찬송 • 기쁘다 구주 오셨네(새 115 · 통 115)　**92**

22 연속된 비극을 이겨내다 • 죄 짐 맡은 우리 구주(새 369 · 통 487)　**96**

23 웨슬리를 감동시킨 모라비아 교인 • 만 입이 내게 있으면(새 23 · 통 23)　**100**

24 아내와 목소리를 잃고 모든 것을 얻다 • 주 날개 밑 내가 편안히 쉬네(새 419 · 통 478)　**104**

25 세상의 왕 vs 전능의 왕 • 전능왕 오셔서(새 10 · 통 34)　**108**

26 노래하다 살아 계신 하나님을 만나다 • 나 주를 멀리 떠났다(새 273 · 통 331)　**112**

27 5달러가 필요해요! • 나의 갈 길 다 가도록(새 384 · 통 434)　**116**

28 돈으로도 못 가는 하나님나라 • 내 주는 강한 성이요(새 585 · 통 384)　**120**

29 진흙 같은 날 빛으소서 • 주님의 뜻을 이루소서(새 425 · 통 217)　**124**

30 내 모습 이대로 • 큰 죄에 빠진 날 위해(새 282 · 통 339)　**128**

31 고아와 맹인이 쓴 찬송가 • 영광 나라 천사들아(새 118 · 통 118)　**132**

32 웨슬리의 어머니 • 하나님의 크신 사랑(새 15 · 통 55)　**136**

33 남편을 잃고 주님만 의지하다 • 구주 예수 의지함이(새 542 · 통 340)　**140**

34 어서 돌아오오 • 어서 돌아오오(새 527 · 통 317)　**144**

35 음치 잭슨 장군이 즐겨 부른 찬송 • 시온성과 같은 교회(새 210 · 통 245)　**148**

36 유언이 찬송이 되다 • 십자가 군병들아(새 352 · 통 390)　**152**

37 십자가와 깃발을 들고 행진하며 부르는 찬송 • 믿는 사람은 주의 군사니(새 351 · 통389)　**156**

38 마차에 실린 짐을 다시 내리다 • 주 믿는 형제들(새 221 · 통 525)　**160**

39 시대에 따라 바뀌는 애창찬송의 순위 • 주 달려 죽은 십자가(새 149 · 통 147)　**164**

40 부활 • 예수 부활했으니(새 164 · 통 154)　**168**

41 바흐를 존경한 교회 음악가 • 창조의 주 아버지께(새 76)　**172**

42 석진영이 던진 질문 • 눈을 들어 하늘 보라(새 515 · 통 256)　**176**

43 논쟁 속에서 태어난 찬송 • 만세 반석 열리니(새 494 · 통 188)　**180**

44 술 취한 점쟁이를 만난 젊은이 • 복의 근원 강림하사(새 28 · 통 28)　**184**

45 대학 총장이 쓴 찬송 • 내 주의 나라와(새 208·통 246)　**188**

46 죽음만이 설교를 멈추게 하다 • 전능하신 주 하나님(새 377·통 451)　**192**

47 바다 한가운데 멈춰 선 배 • 내 갈 길 멀고 밤은 깊은데(새 379·통 429)　**196**

48 다시 불타오른 사랑 • 못 박혀 죽으신(새 385·통 435)　**200**

49 목숨을 지켜준 찬송 • 선한 목자 되신 우리 주(새 569·통 442)　**204**

50 우리에겐 부족함이 없다 • 때 저물어서 날이 어두니(새 481·통 531)　**208**

51 우연은 없다 • 천사 찬송하기를(새 126·통 126)　**212**

52 필경사가 찬송을 짓다 • 참 반가운 성도여(새 122·통 122)　**216**

53 어찌해야 하나요? • 내 모든 시험 무거운 짐을(새 337·통 363)　**220**

54 인생을 바꾸어 놓은 만남 • 샘물과 같은 보혈은(새 258·통 190)　**224**

55 낡은 가방에서 발견한 종이 뭉치 • 거룩 거룩 거룩 전능하신 주님(새 8·통 9)　**228**

56 한 꼬마가 불러일으킨 찬송의 혁신 • 예부터 도움 되시고(새 71·통 438)　**232**

57 목사가 된 목수 • 주 예수 이름 높이어(새 36·통 36)　**236**

58 모자 제조업자가 곡을 쓰다 • 나의 영원하신 기업(새 435·통 492)　**240**

59 불공평하지만 공평하도다 • 햇빛을 받는 곳마다(새 138·통 52)　**244**

60 주님의 권능 우주에 찼네 • 주 하나님 지으신 모든 세계(새 79·통 40)　**248**

61 천사들은 참 행복하겠네요 • 오 베들레헴 작은 골(새 120·통 120)　**252**

62 타 죽어버린 두 아들 • 내 주여 뜻대로(새 549·통 431)　**256**

63 절망에서 소망으로 • 하늘이 푸르고(새 47)　**260**

64 그 기쁨 알 사람이 없도다 • 저 장미꽃 위에 이슬(새 442·통 499)　**264**

65 축복의 노래 • 너 근심 걱정 말아라(새 382·통 432)　**268**

주

참고문헌

찬송 가사 차례

(가나다순)

ㄱ

거룩 거룩 거룩 전능하신 주님 (새 8 · 통 9)　**228**
고요한 밤 거룩한 밤 (새 109 · 통 109)　**52**
구주 예수 의지함이 (새 542 · 통 340)　**140**
그 크신 하나님의 사랑 (새 304 · 통 404)　**16**
기쁘다 구주 오셨네 (새 115 · 통 115)　**92**

ㄴ

나 같은 죄인 살리신 (새 305 · 통 405)　**48**
나의 갈 길 다 가도록 (새 384 · 통 434)　**116**
나의 영원하신 기업 (새 435 · 통 492)　**240**
나 주를 멀리 떠났다 (새 273 · 통 331)　**112**
내 갈 길 멀고 밤은 깊은데 (새 379 · 통 429)　**196**
내 구주 예수를 더욱 사랑 (새 314 · 통 511)　**20**
내 너를 위하여 (새 311 · 통 185)　**88**
내 모든 시험 무거운 짐을 (새 337 · 통 363)　**220**
내 영혼에 햇빛 비치니 (새 428 · 통 488)　**44**
내 주는 강한 성이요 (새 585 · 통 384)　**120**
내 주 되신 주를 참 사랑하고 (새 315 · 통 512)　**72**
내 주를 가까이하게 함은 (새 338 · 통 364)　**40**
내 주여 뜻대로 (새 549 · 통 431)　**256**
내 주의 나라와 (새 208 · 통 246)　**188**
내 평생에 가는 길 (새 413 · 통 470)　**12**
너 근심 걱정 말아라 (새 382 · 통 432)　**268**
눈을 들어 하늘 보라 (새 515 · 통 256)　**176**

ㄷ

다 감사드리세 (새 66 · 통 20)　**36**
때 저물어서 날이 어두니 (새 481 · 통 531)　**208**

ㅁ

만세 반석 열리니 (새 494 · 통 188)　**180**
만 입이 내게 있으면 (새 23 · 통 23)　**100**
못 박혀 죽으신 (새 385 · 통 435)　**200**
믿는 사람들은 주의 군사니 (새 351 · 통 389)　**156**

ㅂ

복의 근원 강림하사 (새 28 · 통 28)　**184**
비바람이 칠 때와 (새 388 · 통 441)　**80**
빛나고 높은 보좌와 (새 27 · 통 27)　**84**

ㅅ

샘물과 같은 보혈은 (새 258 · 통 190)　**224**
서쪽 하늘 붉은 노을 (새 158)　**56**
선한 목자 되신 우리 주 (새 569 · 통 442)　**204**
시온성과 같은 교회 (새 210 · 통 245)　**148**
십자가 군병들아 (새 352 · 통 390)　**152**

ㅇ

어머니의 넓은 사랑 (새 579 · 통 304) **76**

어서 돌아오오 (새 527 · 통 317) **144**

영광 나라 천사들아 (새 118 · 통 118) **132**

예부터 도움 되시고 (새 71 · 통 438) **232**

예수가 거느리시니 (새 390 · 통 444) **64**

예수를 나의 구주 삼고 (새 288 · 통 204) **32**

예수 부활했으니 (새 164 · 통 154) **168**

예수 사랑하심을 (새 563 · 통 411) **24**

오 베들레헴 작은 골 (새 120 · 통 120) **252**

인애하신 구세주여 (새 279 · 통 337) **68**

ㅈ

저 장미꽃 위에 이슬 (새 442 · 통 499) **264**

전능왕 오셔서 (새 10 · 통 34) **108**

전능하신 주 하나님 (새 377 · 통 451) **192**

죄 짐 맡은 우리 구주 (새 369 · 통 487) **96**

주 날개 밑 내가 편안히 쉬네 (새 419 · 통 478) **104**

주님의 뜻을 이루소서 (새 425 · 통 217) **124**

주 달려 죽은 십자가 (새 149 · 통 147) **164**

주 믿는 형제들 (새 221 · 통 525) **160**

주 예수보다 더 귀한 것은 없네 (새 94 · 통 102) **60**

주 예수 이름 높이어 (새 36 · 통 36) **236**

주 음성 외에는 (새 446 · 통 500) **28**

주 하나님 지으신 모든 세계 (새 79 · 통 40) **248**

ㅊ

참 반가운 성도여 (새 122 · 통 122) **216**

창조의 주 아버지께 (새 76) **172**

천사 찬송하기를 (새 126 · 통 126) **212**

ㅋ

큰 죄에 빠진 날 위해 (새 282 · 통 339) **128**

ㅎ

하나님의 크신 사랑 (새 15 · 통 55) **136**

하늘이 푸르고 (새 47) **260**

햇빛을 받는 곳마다 (새 138 · 통 52) **244**

우리가 감사함으로 그 앞에 나아가며
시를 지어 즐거이 그를 노래하자

_시 95:2

내 평생에 가는 길 새 413 · 통 470

작사 _ 호레이쇼 스패포드(Horatio Gates Spafford, 1828-1888)
작곡 _ 필립 블리스(Philip Paul Bliss, 1838-1876)

• • •

1. 내 평생에 가는 길 순탄하여 늘 잔잔한 강 같든지
   큰 풍파로 무섭고 어렵든지 나의 영혼은 늘 편하다.
   (후렴) 내 영혼 평안해 내 영혼 내 영혼 평안해.

2. 저 마귀는 우리를 삼키려고 입 벌리고 달려와도
   주 예수는 우리의 대장 되니 끝내 싸워서 이기리라.

3. 내 지은 죄 주홍빛 같더라도 주 예수께 다 아뢰면
   그 십자가 피로써 다 씻으사 흰 눈보다 더 정하리라.

4. 저 공중에 구름이 일어나며 큰 나팔이 울릴 때에
   주 오셔서 세상을 심판해도 나의 영혼은 겁 없으리.

01 혼자 살아남았음!

뉴욕에서 태어난 호레이쇼 스패포드(Horatio Spafford)는 부유한 변호사였습니다. 그는 '무디 전도단'의 재정 후원자로 드와이트 무디 목사의 세계적인 사역을 도왔고, 지역 교회의 집사로서 열심을 다하며 살고 있었습니다.

스패포드는 변호사 일로 벌어들인 많은 재산을 시카고의 미시간 호반에 별장을 짓는 데 투자했습니다. 그런데 1871년 시카고에 대화재가 발생했습니다. 이 화재는 10만여 명의 이재민을 내

고, 300여 명의 목숨을 앗아갔습니다. 이틀간 계속된 불길은 도시 전체를 삼켰고, 그가 투자한 재산은 순식간에 잿더미가 되고 말았습니다. 사실 그에게 이 상황은 엎친 데 덮친 격이었습니다. 바로 일 년 전에는 열병에 걸린 네 살짜리 아들을 먼저 하늘나라로 떠나보내야 했으니까요.

감당할 수 없는 일을 연거푸 겪은 45세의 스패포드는 의사의 권유로 몸과 마음이 허약해진 아내와 함께 휴식을 위한 유럽 여행을 계획했습니다. 때마침 무디 목사가 인도하는 집회가 영국에서 있어, 거기 참석하여 위로의 시간을 보내고 싶었습니다. 그런데 떠나기로 한 날, 스패포드는 갑자기 처리해야 할 업무가 생겨 아내와 어린 네 딸을 먼저 유럽행 여객선에 승선시켰습니다.

대서양을 횡단하는 여객선 빌르 드 아브르(Ville du Havre)는 1873년 11월 15일 승객 313명을 태우고 뉴욕 항을 떠나 파리로 향하고 있었습니다. 그런데 순항하던 여객선이 정확히 일주일이 지난 11월 22일 승객들이 잠들어 있는 새벽 2시에 영국 범선 로크 언과 정면충돌하고 말았습니다.

스패포드의 부인 안나는 아이들을 데리고 갑판 위로 올라가려고 했지만 불가능했습니다. 얼마 안 있어 배는 가라앉았습니다. 이 사고로 226명이 목숨을 잃고, 87명만이 구조되었습니다. 의식을 잃고 쓰러진 안나는 로크 언의 선원에게 발견되어 구조되었지만, 열한 살, 아홉 살, 다섯 살, 두 살 난 딸들은 모두 물에 잠기고 말았습니다.

사고 소식을 듣고 애태우며 기다리던 스패포드는 12월 2일 아내에게서 전보 한 장을 받았습니다. "혼자 살아남았음!"(Saved alone!)이라고 적혀 있었습니다. 한순간에 사랑하는 자녀를 모두 잃은 그는 절망적인 감정을 추스르며 아내를 만나러 영국으로 향했습니다. 그가 탄 배가 대서양 한가운데를 지날 때 그곳이 바로 비극이 일어난 사고 지점이라고 선장이 알려주었습니다.

스패포드는 바닷속을 들여다보았습니다. 그는 마음의 괴로움과 하나님에 대한 원망으로 북받치는 울부짖음을 참을 수 없었습니다. "주님, 저는 주님의 일을 가장 귀하게 여겼고 주님을 사랑했습니다. 그런데 왜 이런 고통을 주십니까? 이제 어떻게 살아야 합니까?" 그의 절규는 밤새도록 그칠 줄 몰랐습니다.

동트는 햇살이 선실 창가로 쏟아질 때 주님의 말씀이 떠올랐습니다. "너는 달려가서 그를 맞아 이르기를 너는 평안하냐 네 남편이 평안하냐 아이가 평안하냐 하라 하였더니 여인이 대답하되 평안하다"(왕하 4:26). 스패포드의 머릿속에 '평안'이라는 낱말이 맴돌았습니다. 물속에 잠긴 딸들을 생각하며 몸부림치던 그에게 평강의 왕께서 찾아오신 것입니다. 그는 펜을 들어 자신의 마음을 써 내려갔습니다.

내 인생길에 강 같은 평화가 흘러들 때에도
When peace, like a river, attendeth my way,

거친 파도 같은 슬픔이 몰아칠 때에도
When sorrows like sea billows roll;

내 운명이 어떻든지, 주님은 날 이렇게 말하도록 가르치셨네.
Whatever my lot, Thou has taught me to say,

평안해요, 평안해요, 내 영혼이 평안해요.
It is well, it is well, with my soul.

그 무엇도 하나님이 주시는 참된 평안을 빼앗아 갈 수 없습니다. 아들과 재산과 네 딸을 잇달아 잃은 슬픔 속에서도 스패포드는 하나님이 주시는 평안을 경험했습니다. 도대체 어떻게 슬픔 중에 평안할 수 있을까요? 우리가 하나님 안에서 누리는 평안은 우리의 변덕스러운 감정 상태와 항상 일치하지는 않습니다. 그 평안은 구원받은 모든 사람의 깊은 내면에서 다져진 탄탄한 토대이기 때문에 세상의 상황을 초월합니다.

여객선 참사 후 스패포드는 다시 세 자녀를 얻었지만, 1880년 네 살 난 아들 호레이쇼를 폐렴으로 잃는 슬픔을 또다시 겪습니다. 마침내 그는 삶의 방향을 완전히 바꿔, 다음해 온 가족이 성지 예루살렘으로 이주해 미국인 거류지를 건설했습니다. 그곳에서 스패포드는 고아와 가난한 사람들을 모아 공동생활을 하면서 이웃 사랑을 실천하는 데 온 힘을 쏟았습니다.

그 크신 하나님의 사랑 새 304 · 통 404

작사 · 작곡 _ 프레드릭 리먼(Frederick Martin Lehman, 1868-1953)
편곡 _ 클라우디아 메이스(Claudia Lehman Mays, 1892-1973)

• • •

1. 그 크신 하나님의 사랑 말로 다 형용 못하네.
  저 높고 높은 별을 넘어 이 낮고 낮은 땅 위에,
  죄 범한 영혼 구하려 그 아들 보내사
  화목 제물 삼으시고 죄 용서하셨네.
  (후렴) 하나님 크신 사랑은 측량 다 못하네.
  영원히 변치 않는 사랑 성도여 찬양하세.

2. 괴로운 시절 지나가고 땅 위의 영화 쇠할 때
  주 믿지 않던 영혼들은 큰 소리 외쳐 울어도,
  주 믿는 성도들에게 큰 사랑 베푸사
  우리의 죄 사했으니 그 은혜 잊을까.

3. 하늘을 두루마리 삼고 바다를 먹물 삼아도
  한없는 하나님의 사랑 다 기록할 수 없겠네.
  하나님의 크신 사랑 그 어찌 다 쓸까
  저 하늘 높이 쌓아도 채우지 못하리.

02 도시락에서 발견한 쪽지

독일에서 태어난 프레드릭 리먼(Frederick Lehman)은 네 살 때 부모님을 따라 미국으로 이주했습니다. 어릴 적부터 주일학교를 다니던 리먼은 열한 살 때 예수님을 영접하고 순탄한 청소년기를 보냈습니다. 그리고 노스웨스턴대학을 졸업하고 침례교 목사가 되어 오듀본(Audubon)의 시골 교회에서 목회를 시작했습니다. 리먼 목사는 어느 한곳에 머무르지 않고 일생 동안 여러 지방의 시골 교회를 섬겼습니다.

리먼 목사는 목회하는 교회마다 형편이 어려워 생활하기가 힘들었습니다. 그래서 또 다른 일을 해야만 했습니다. 그는 가구점 목공으로, 또 공장에서 닥치는 대로 일하여 생활비를 벌었습니다. 몸이 힘들 때면 목회지를 도시로 옮겨 편안하게 살고 싶은 마음이 굴뚝같았지만, 끝까지 작은 시골 교회를 떠나지 않았습니다. 그것이 자신이 질 수 있는 십자가라고 생각하며 달게 받았습니다.

시골 교회를 맡아 사역하던 어느 날, 그날도 여느 때와 다름없이 치즈 공장으로 출근했습니다. 오전 일을 마치고 점심을 먹으려고 도시락 가방을 여는데 시 한 편이 눈에 들어왔습니다. 아내가 남편을 생각해 정성 들여 쓴 글귀였습니다. "하늘을 두루마리로 삼고, 넓은 대양을 잉크로 채워도, 크신 하나님의 사랑을 모두 기록할 수 없겠네…." 시를 다 읽기도 전에 하늘보다 더 넓은 하나님의 사랑이 어려운 목회와 막노동에 찌들어 있던 리먼 목사를 뒤덮어버렸습니다.

그는 눈을 감고 조용히 하나님의 사랑을 읊조렸습니다. "하나님, 그렇습니다. 바닷물을 먹물 삼아도 주님의 사랑을 다 기록할 수 없습니다. 우리를 위해 외아들을 보내신 사랑의 주님만을 찬양하겠습니다. 크신 주님의 사랑을 어찌 내 사랑과 견줄 수 있겠습니까! 사랑의 하나님, 영원하신 주님을 찬양합니다." 짧은 시가 리먼 목사의 마음에 큰 위로가 된 것입니다. 나중에 아내가 적어 준 시를 자세히 살펴보니 유대 랍비가 지은 아주 오래된 시였습니다.

"그 크신 하나님의 능력은 말로 다할 수 없도다. 하늘을 두루마리로 삼고, 대양을 모두 잉크로 채우며, 세상의 모든 초목을 펜으로 하여 모든 백성이 능숙한 서기관이 되어도, 하나님의 크신 영광에 대한 기이한 이야기를 모두 기록할 수 없으리라. 지극히 높으신 그분은 옛적에 홀로 땅과 하늘을 만드셨도다."[1)]

리먼 목사는 레몬 상자에 주저앉아 몽당연필을 집어들었습니다. 그리고 차분한 마음으로 사랑의 하나님을 글로 쓰기 시작했습니다. 1절과 2절, 후렴을 순식간에 써 내려갔습니다. 3절은 조금 전 감동받은 유대 랍비의 시를 운율에 맞춰 그대로 옮겨 적었습니다. 이것이 바로 하나님의 사랑을 노래한 찬송 "그 크신 하나님의 사랑"입니다.

하나님의 크신 사랑은 말로 다할 수 없습니다. 하나님의 사랑은 나 같은 죄인을 구원하려고 외아들을 보내어 화목제물로 삼으신 구속의 사랑입니다. "하나님이 세상을 이처럼 사랑하사 독생

자를 주셨으니 이는 그를 믿는 자마다 멸망하지 않고 영생을 얻게 하려 하심이라"(요 3:16). 하나님의 사랑은 우리를 위해 독생자를 내어주신 크신 사랑입니다.

리먼 목사는 어려운 현실의 삶을 빗대어, 괴로움이 많지만 심판 날에 구원해 주실 주님의 은혜를 찬양하고 있습니다. 우리도 이 같은 사랑을 하나님께 고백해야 합니다. 영원한 천국에서 주님과 함께하는 것이 우리의 소망이요, 하나님의 소망이기 때문입니다. 우리가 하늘을 두루마리 삼고 바다를 먹물 삼아도, 한없는 사랑을 헤아릴 수도 기록할 수도 없는 것이 그 크신 하나님의 사랑입니다.

사도 요한은 "예수께서 행하신 일이 이외에도 많으니 만일 낱낱이 기록된다면 이 세상이라도 이 기록된 책을 두기에 부족할 줄 아노라"(요 21:25)고 예수님의 사랑의 행적을 말하고 있습니다.

예술적 감성이 뛰어난 리먼 목사는 설교 중에 시를 읊거나 찬송을 불러 성도들에게 감동을 안겨주곤 했습니다. 그가 틈나는 대로 쓴 찬송시는 수백 편에 이릅니다. 이것은 나중에 다섯 권의 책으로 출판되었습니다. 43세 때 캔자스로 옮겨간 그는 나사렛출판사를 설립하여 한때 기독교 서적을 출판하기도 했습니다. 하지만 리먼 목사는 작은 교회 목회에 여생을 바쳤습니다. 그는 85세를 일기로 캘리포니아의 패서디나에서 생을 마감했습니다.

> **내 구주 예수를 더욱 사랑** 새 314 · 통 511
>
> 작사 _ 엘리자베스 프렌티스(Elizabeth Payson Prentiss, 1818-1878)
> 작곡 _ 윌리엄 도언(William Howard Doane, 1832-1915)
>
> ...
>
> 1. 내 구주 예수를 더욱 사랑 엎드려 비는 말 들으소서.
>   내 진정 소원이 내 구주 예수를 더욱 사랑 더욱 사랑.
>
> 2. 이전엔 세상 낙 기뻤어도 지금 내 기쁨은 오직 예수.
>   다만 내 비는 말 내 구주 예수를 더욱 사랑 더욱 사랑.
>
> 3. 이 세상 떠날 때 찬양하고 숨질 때 하는 말 이것일세.
>   다만 내 비는 말 내 구주 예수를 더욱 사랑 더욱 사랑.

03 완성하기까지 13년 걸린 찬송

엘리자베스 프렌티스(Elizabeth Prentiss)는 많은 작품을 남긴 19세기 여류 시인입니다. 에드워드 페이슨 목사의 딸로 독실하고 교양 있는 집안에서 성장한 프렌티스는, 고향인 미국 포틀랜드와 여러 도시에서 교사로 활동했습니다. 27세 때 장로교 목사인 조지 프렌티스와 결혼하면서 직장을 그만두었지만, 연약한 몸에도 불구하고 쉴 새 없이 집필활동을 계속했습니다.

그 당시 베스트셀러의 기준은 20만 부가 팔리는 것이었는데, 프렌티스가 쓴 『천성을 향하여』(Stepping Heavenward)의 판매량은 그 기준을 훌쩍 뛰어넘었습니다. 또 다른 책 『가정의 꽃』(The Flower of the Family)도 대단한 인기를 누렸습니다. 123편의 시를 모아놓은 『신앙의 시』도 많은 사랑을 받았습니다.²⁾

프렌티스는 두 아이를 기르며 행복한 가정을 꾸려갔습니다. 그런데 갑작스럽게 불행이 닥쳤습니다. 결혼한 지 11년이 되던 해, 뉴욕을 중심으로 전염병이 번져 삽시간에 많은 아이들의 목숨을 앗아갔습니다. 이때 프렌티스의 두 아이도 세상을 떠났습니다.

연약한 프렌티스에게는 견딜 수 없는 충격이었습니다. 숨쉬기조차 힘든 날들이 계속되었습니다. 모든 희망이 순식간에 산산조각이 난 것 같았습니다. "목회자의 가정에서 태어나 믿음을 지키며 살았는데, 하나님을 찬양하는 아름다운 시를 쓰며 헌신했던 내게 어떻게 이런 불행이 닥칠 수 있단 말입니까?" 그녀의 짧은 소견으로는 도무지 하나님의 뜻을 이해할 수가 없었습니다.

남편인 조지 프렌티스 목사는 깊은 실의에 빠진 아내를 위로했습니다. "여보, 많은 가정이 아이를 잃고 슬퍼하고 있소. 지금이야말로 우리가 성도들에게 가르쳐 오던 하나님의 말씀을 실천할 때인 것 같소. 우리의 기쁨과 소망은 하나님이잖소. 우리가 이해 못하는 하나님의 크신 계획이 있을 것이오. 이럴 때일수록 아브라함 같은 믿음을 가지고 하나님을 더욱 의지합시다. 아이들은 더 좋은 곳에 우리 주님과 함께 있을 것이오."

남편이 믿는 하나님이 그녀에게 다가왔습니다. 죄인인 우리를 구원하시기 위해 하나님께서 외아들 예수님을 이 땅에 보내어 십자가의 치욕을 당하기까지 우리를 사랑하셨음을 다시 깨닫게 되었습니다. 견디기 힘든 고난을 당하시고 죽기까지 인간을 사랑하신 예수님의 사랑을 말로 다 표현할 수 없었습니다. 프렌티스는 주님에 대한 원망이 변하여 사랑으로 다가오는 영감을 시로 적었습니다. "오, 그리스도시여! 주님을 더욱 사랑합니다." 이 시가 바로 찬송 "내 구주 예수를 더욱 사랑"입니다.

이 찬송은 견딜 수 없는 슬픔을 하나님의 말씀으로 극복한 후 주님에 대한 간절한 사랑을 시로 표현하고 있습니다. 1절은 '주님께 엎드려 비는 말은 오직 내 구주 예수를 더욱 사랑한다'는 고백입니다. 2절은 '이전에는 세상의 낙을 기뻐했지만 이제는 예수님만 기뻐하겠다'는 지나온 삶에 대한 반성과 새로운 다짐입니다. 여기까지 쓴 후 프렌티스는 더이상 생각이 떠오르지 않아 글쓰기를 멈추었습니다.

세월이 흘러 두 아이를 잃은 지 13년이 지났습니다. 프렌티스는 쌓여 있는 종이 무더기를 정리하다 미완성으로 남겨 놓은 그 시가 적힌 메모장을 발견했습니다. 당시 뉴욕 유니온신학교의 교수였던 남편은 시를 마저 완성해 보라고 아내를 격려했습니다. 프렌티스는 아이들을 잃은 슬픔을 다시 들춰내는 것이 괴로웠지만, 인류를 구원하기 위해 대신 죽으신 주님의 사랑이 주는 기쁨과는 비교할 수 없었습니다. 다시금 주님의 크신 사랑이 밀물처럼 몰려왔습니다.[3]

그녀는 미완성으로 남은 3, 4절을 써 내려갔습니다. '슬픔이 찾아와도, 절망과 고통이 밀려와도, 감미롭고도 감미로운 주님 말씀이 나를 노래하게 합니다.' 그녀는 이제 더 큰 슬픔이라도 오려면 오라고 담대하게 외칩니다. 그 무엇도 주님이 주시는 기쁨을 빼앗아 갈 수 없다는 적극적인 고백입니다. 한국 찬송가에는 원문의 3절이 생략되었습니다.

> 슬픔이 찾아와도, 절망과 고통이 밀려와도
> Let sorrow do its work, come grief and pain;
> 주님의 말씀은 감미롭고도 감미롭습니다.
> Sweet are Thy messengers, sweet their refrain,
> 주님의 말씀은 나를 이렇게 노래하게 합니다.
> When they can sing with me:
> 오 그리스도여, 주님을 더욱 사랑합니다.
> More love, O Christ, to Thee;
> 더욱 사랑합니다, 주님을 더욱 사랑합니다!
> More love to Thee, more love to Thee!

그리고 마지막 절을 이어 나갔습니다. '이 세상 떠날 때 찬양하고, 숨질 때 하는 말 이것일세. 다만 내 비는 말 내 구주 예수를, 더욱 사랑 더욱 사랑.' 숨질 때도 주님께 사랑을 고백하리라는 위대한 찬송입니다.

예수 사랑하심을 새 563 · 통 411

작사_애나 워너(Anna Bartlett Warner, 1827-1915)
작곡_윌리엄 브래드버리(William Batchelder Bradbury, 1816-1868)

• • •

1. 예수 사랑하심을 성경에서 배웠네, 우리들은 약하나 예수 권세 많도다.
   (후렴) 날 사랑하심 날 사랑하심, 날 사랑하심 성경에 쓰였네.
2. 나를 사랑하시고 나의 죄를 다 씻어, 하늘 문을 여시고 들어가게 하시네.
3. 내가 연약할수록 더욱 귀히 여기사, 높은 보좌 위에서 낮은 나를 보시네.
4. 세상 사는 동안에 나와 함께하시고, 세상 떠나가는 날 천국 가게 하소서.

04 소설 속 찬송이 현실에서 불리다

애나 워너(Anna Warner)는 일찍이 부모님을 여의었습니다. 어렸을 때 엄마가 세상을 떠났고, 변호사인 아버지마저 몇 년 후에 돌아가셨습니다. 애나와 언니 수잔(Susan Warner)은 글 쓰는 재능이 뛰어났습니다. 경제적으로 어려워진 두 자매는 생계유지를 위해 청소년 시절부터 본격적으로 소설을 썼습니다. 다행히 첫 작품으로 발표된 『넓고 넓은 세상』(The Wide Wide World, 1850)이 베스트셀러가 되어 그 후로도 여러 작품을 내놓았습니다.

찬송 "예수 사랑하심을"이 지어진 동기는 꽤나 흥미롭습니다. 자매가 함께 쓴 소설 『세이 앤드 씰』(Say and Seal, 1860)에는 애처로운 장면이 나옵니다. 소설의 주인공인 주일학교 교사 존 린덴과 그의 약혼자 페이스 데릭은 죽어가는 어린 소년 조니 팩스를 방문합니다. 걷지도 못할 정도로 병세가 심각해진 어린 조니는 린덴 선생님에게 간신히 "노래를 불러주세요."라고 부탁합니다. 숨쉬기조차 힘들어하며 죽어가는 어린 조니를 품에 안은 린덴은 나지막한 목소리로 노래를 불러줍니다.

> 예수님이 날 사랑하시는 걸 알아요.
> Jesus loves me! This I know,
>
> 성경이 그렇게 말해 주기 때문이죠.
> For the Bible tells me so;
>
> 어린아이들은 주님의 것이에요.
> Little ones to Him belong,
>
> 그들은 약해도 주님은 강해요.
> They are weak but He is strong.

이 노랫소리를 들은 조니는 은은한 미소를 지으며 머리를 빗겨 달라고 합니다. 마음이 편안해진 조니는 하늘나라에 대해 이야기합니다. 그리고 얼마 안 되어 평안히 눈을 감습니다.

소설 내용 중 주일학교 선생님이 죽어가는 아이에게 불러준 시가 "예수 사랑하심을"입니다. 가상의 이야기를 위해 쓰인 찬송이지만, 이 시가 실제 찬송으로 불리자 많은 공감을 불러일으켰습니다.

20세기의 신정통주의(新正統主義) 신학자 칼 바르트(Karl Barth)가 미국 시카고대학에서 은퇴 강연을 마쳤을 때였습니다. 학장이 학생들에게 "박사님이 여러분의 질문을 모두 받을 수 없으니 내가 여러분을 대신하여 한 가지만 질문하겠습니다."라고 말하며 바르트에게 질문했습니다. "박사님, 바르트 신학의 요점을 말씀해 주십시오."

수많은 저술과 강연을 통해 신정통주의 신학을 주장한 바르트였지만, 그 질문에 단 한 마디로 답하기는 어려웠습니다. 학생들이 조용히 그의 말에 귀를 기울이고 있을 때, 바르트 박사는 눈을 감고 잠시 생각하더니 입을 열었습니다. "내 신학의 핵심은 이것입니다." 그는 노래를 불러 대답을 대신했습니다. "예수 사랑하심을 성경에서 배웠네. 우리들은 약하나 예수 권세 많도다…."

이 짧은 찬송은 성경의 많은 주제를 이야기하고 있습니다. 예수님, 사랑, 성경, 우리의 연약함, 예수님의 권세, 죄의 용서, 구원, 주님의 자비, 주님의 동행, 천국, 영생에 대한 진리를 선포합니다. 예수님의 사랑은 성경에 기록된 진리이며 신학의 핵심입니다. 예수님은 우리의 죄를 용서하시고 천국 문을 활짝 열고 맞이하시는 분입니다. 예수님은 상한 갈대도 꺾지 않으시고 꺼져 가는 등불도 끄지 않으시며(사 42:3), 약한 자를 긍휼히 여기시는 분입니다.

우리가 사망의 음침한 골짜기를 다닐지라도 해를 두려워하지 않는 것은 주께서 함께하시기 때문입니다. 주님의 동행은 우리가 영원한 여호와의 집으로 인도될 때까지 계속됩니다. 찬송이 언급하고 있는 천국에 대한 소망은 소설 속에서 죽어가는 어린 조니뿐 아니라 모든 그리스도인에게 희망과 사랑의 메시지를 줍니다.

이 찬송은 원래 어린이를 위해 쓰였지만, 지금은 세대와 나라를 초월하여 남녀노소가 모두 즐겨 부릅니다. 어린이는 가사와 음악이 단순해서 좋아하고, 어른은 어린 시절에 예수님께 고백했던 추억을 생각하며 애창합니다. 이 찬송은 음악과 가사의 주제가 간결하여 부르기가 쉽습니다.

소설 『세이 앤드 씰』을 읽던 윌리엄 브래드버리(William Bradbury)는 소설 속의 찬송시에 감동받아 어린이도 쉽게 부를 수 있게 곡을 만들었습니다. 그는 원래의 시에 후렴 가사인 "날 사랑하심, 성경에 쓰였네."를 덧붙여 작곡했습니다.

한국 찬송가 책에는 곡명이 "차이나"(CHINA)로 표기되었는데, 곡명이 이렇게 붙여진 데는 이유가 있습니다. 중국 선교 초기 무렵, 미국 선교사들이 중국에서 복음을 전할 때 중국 어린이들이 이 찬송을 아주 좋아했습니다. 찬송의 선율이 5음 음계로 구성되어 동양적인 색채를 풍기며 단순하기 때문에 누구나 좋아할 수 있는 찬송이었습니다. 선교사들이 본국에 보고한 이러한 내용이 전해지자 미국 침례교 찬송가위원회가 『찬송가』(1956)를 만들 때 곡명을 "차이나"로 붙였습니다.

주 음성 외에는 새 446 · 통 500

작사_앤 혹스(Anne Sherwood Hawks, 1835-1918)
작곡_로버트 로우리(Robert Lowry, 1826-1899)

· · ·

1. 주 음성 외에는 참 기쁨 없도다, 날 사랑하신 주 늘 계시옵소서.
   (후렴) 기쁘고 기쁘도다 항상 기쁘도다, 나 주께 왔사오니 복 주옵소서.
2. 나 주께 왔으니 복 주시옵소서, 주 함께 계시면 큰 시험 이기네.
3. 주 떠나가시면 내 생명 헛되네, 기쁘나 슬플 때 늘 계시옵소서.
4. 그 귀한 언약을 이루어 주시고, 주 명령 따를 때 늘 계시옵소서.

05 매 시간 주님이 필요해요

앤 혹스(Anne Hawks)는 아주 건강했습니다. 걱정도 전혀 없었습니다. 혹스는 뉴욕 브루클린에서 편안한 삶을 살고 있었습니다. 자상한 남편이 곁에 있어 늘 행복했습니다.

그렇게 세 자녀를 키우며 행복한 인생의 황금기를 보내고 있던 6월의 화창한 어느 날, 37세의 주부 혹스는 남편과 아이들을 생각하는 중에 너무도 행복해서 감사가 저절로 우러나왔습니다. 혹스는 그날을 이렇게 회상했습니다. "내 영혼 속에 주님의 임재를 느꼈어요. 그 순간, 즐거울 때나 슬플 때 주님이 없다면 어떻게 살 수 있을까 하는 생각이 들었죠. 그리고 '매 시간 주님이 필요해요.'(I need Thee every hour)라는 생각이 마음속에서 솟구쳐 올랐어요." 따스한 햇살 같은 주님의 임재를 경험한 혹스는 집안일을 잠시 미뤄 놓고 주님을 묵상하며 찬송시를 써 내려갔습니다.

> 은혜로우신 주님, 매 시간 주님이 필요해요.
> I need Thee every hour, Most gracious Lord;
> 주님의 부드러운 음성만이 날 평안하게 해요.
> No tender voice like Thine Can peace afford.
> 주님이 필요해요. 오, 주님이 필요해요.
> I need Thee, O I need Thee;
> 매 시간 주님이 필요해요!
> Every hour I need Thee!
> 나의 구세주, 이제 내게 복을 내려주세요.
> O bless me now, my Savior,
> 내가 주님께 나아갑니다!
> I come to Thee!

쓰라린 아픔이 어떤 것인지 전혀 모르고 살던 혹스가 자신이 지은 시 "주 음성 외에는"의 의미를 완전히 깨닫기까지는 오랜 세월이 걸렸습니다. 어려움을 당한 후에 그녀는 이렇게 간증했습니다. "저는 처음에 왜 이 찬송이 많은 사람을 감동시켰는지 이해가 되지 않았어요. 그러다 나 자신이 어려운 지경에 처했을 때, 엄청난 상실감의 그림자가 내 앞에 드리웠을 때 … 그때서야 알게 됐어요. 내가 달콤하고 평화로운 시간에 다른 사람들에게 주었던 이 찬송에 담겨진 위로의 힘을 그때 비로소 깨달았죠."

행복에 넘쳐 찬송시를 쓴 지 16년이 지난 후에, 사랑하는 남편의 죽음은 그녀에게 엄청난 고통의 그림자를 던져주었습니다. 남편과 사별하고 30년을 혼자 살면서, 혹스는 죽을 때까지 평안을 찾기 위해 '매 시간 주님이 필요해요'라고 고백하며 자신이 쓴 찬송으로 되돌아와야 했습니다. 하나님은 그녀가 어려움을 당하기 전에 이미 "주 음성 외에는 참 기쁨 없도다"라고 고백하게 하신 것입니다. "기쁨은 오직 주님에게서 찾아라"(시편 37:4, 표준새번역).

"주 음성 외에는 참 기쁨 없도다"는 주님만이 최고의 기쁨이라는 고백입니다. 웨스트민스터 소요리 문답 1번은 "사람의 제일 되는 목적은 하나님을 영화롭게 하고 영원토록 그분을 즐거워하는 것이다."라고 전합니다. 이것은 우리의 목적이 두 가지라는 뜻이 아닙니다. 우리가 하나님을 즐거워할 때 그분을 영화롭게 할 수 있다는 뜻입니다. 모든 기쁨은 자연스럽게 경배로 이어지기 때문입니다. 그러므로 하나님을 기뻐하지 않으면 그분께 경배할 수 없습니다.

세상이 우리를 행복하게 할수록 우리는 하나님을 기뻐해야 합니다. 마귀는 우리를 힘들게 하여 하나님을 거부하게도 만들지만, 우리를 너무 편안하게 하여 하나님을 잊어버리게도 만들기 때문입니다. 우리는 하나님보다 당장의 안락함을 선택합니다. 에서가 죽 한 그릇에 맏아들의 권리(장자권)를 맞바꾼 것처럼 말입니다. 우리는 받은 선물 때문에 기뻐하는 것이 아니라 선물을 주시는 하나님을 기뻐해야 합니다. 선물을 더 기뻐하면 그것은 우상숭배입니다.

고난 중에도 하나님을 기뻐해야 합니다. 우리는 영원한 기쁨, 즉 영원한 생명을 이미 가진 사람들입니다. 하나님은 하나뿐인 아들을 아끼지 않으시고 우리를 위해 내주셨습니다. 바울은 환난, 곤고, 핍박, 굶주림, 헐벗음, 위협, 그밖의 어떤 고난도 우리를 그리스도의 사랑에서 끊을 수 없다고 단언합니다. 또 우리가 주를 위하여 죽임을 당하게 되지만, 우리를 사랑하시는 그분을 힘입어 이 모든 고난을 넉넉히 이긴다고 확신하고 있습니다(롬 8:35-37).

모든 고난을 단지 이기는 것이 아니라 이기고도 남는다고 했습니다. 우리의 모든 고난은 그저 없어지는 것이 아니라, 영원의 관점에서 볼 때 분명 말로 다 형용하지 못하는 기쁨으로 되돌아온다는 것입니다. 하나님은 고난을 우리의 기쁨을 위해 사용하십니다. 우리의 기쁨이 우리를 그분께 경배하도록 하기 때문입니다. 그러므로 우리는 고난 중에도 하나님을 기뻐할 수 있습니다. 우리의 진정한 기쁨이 이 세상에서 얻을 수 없습니다. 우리는 복음, 바로 자신을 내어주신 하나님을 통해 진정한 기쁨을 얻습니다.

예수를 나의 구주 삼고 새 288 · 통 204

작사_패니 크로스비(Fanny Jane Crosby, 1820-1915)
작곡_피비 내프(Phoebe Palmer Knapp, 1839-1908)

• • •

1. 예수를 나의 구주 삼고 성령과 피로써 거듭나니
   이 세상에서 내 영혼이 하늘의 영광 누리도다.
   (후렴) 이것이 나의 간증이요 이것이 나의 찬송일세.
   나 사는 동안 끊임없이 구주를 찬송하리로다.

2. 온전히 주께 맡긴 내 영 사랑의 음성을 듣는 중에
   천사들 왕래하는 것과 하늘의 영광 보리로다.

3. 주 안에 기쁨 누림으로 마음의 풍랑이 잔잔하니
   세상과 나는 간곳없고 구속한 주만 보이도다.

06 이것이 나의 간증이요

패니 크로스비(Fanny Crosby)는 태어난 지 6주쯤 되었을 때 감기에 걸렸습니다. 그때 의사가 치료를 잘못하는 바람에 평생 앞을 못 보게 되었습니다. 그러나 크로스비는 마음의 눈을 열어 8천여 편의 주옥 같은 찬송시를 지었습니다.

크로스비가 53세였을 때 절친한 피비 내프(Phoebe Knapp)가 찾아왔습니다. 내프는 뉴욕 존 스트리트 감리교회를 섬기며 전도와 자선사업에 힘쓰던 아마추어 음악가였습니다. 크로스비가 내프에게 말했습니다. "당신의 음악은 참 아름다워요. 오늘 가져온 음

악을 연주해 주세요." 내프는 오르간을 연주하기 시작했습니다. 그러다 크로스비 쪽을 바라보았습니다. 크로스비는 음악을 들으며 지난 주의 설교 말씀을 떠올리고 있었습니다. "온전한 믿음으로 하나님께 나아가자"(히 10:22)는 말씀이었습니다.

'온전히 주님께 나아가는 것이 무엇입니까? 무엇이 내 간증이 되어야 합니까?' 무릎을 꿇고 곰곰이 생각하는 크로스비를 보고 내프는 다시 한번 연주했습니다. 그리고 또다시 연주하려는데 크로스비가 벌떡 일어났습니다. 그러고는 마음속 질문들에 대한 답을 소리 내어 읊기 시작했습니다. "예수를 나의 구주 삼고 성령과 피로써 거듭나니, 이 세상에서 내 영혼이 하늘의 영광 누리도다…." 내프의 음악과 크로스비의 가사가 만나는 순간이었습니다.

우리가 온전히 주님께 나아가려면 무엇이 우리의 간증이 되어야 합니까? 찬송 "예수를 나의 구주 삼고"는 세 가지를 제시합니다.

첫째(1절), 예수님을 주인으로 삼은 것이 간증이 되어야 합니다. 이것은 바울의 고백처럼 내가 그리스도와 함께 십자가에 못박힌 것을 말합니다. 이제는 내가 산 것이 아니요, 내 안에 그리스도께서 사신 것을 의미합니다. 우리가 구원받은 것은 십자가의 은혜입니다. 우리가 십자가를 지신 예수님을 주인으로 섬길 때, 이 세상에서 하늘의 영광을 조금이나마 누릴 수 있습니다. 나중에 하늘나라에 가서는 그 영광을 완전히 누릴 것입니다.

사람들은 십자가를 좋아하여 액세서리로 장식하기도 하지만, 거기에는 십자가의 능력이 없습니다. 눈에 보이는 십자가를 좋아할 것이 아니라 보이지 않는 십자가 사건을 믿어야 합니다. 십자가 형벌은 너무나 가혹하고 무서운 것입니다. 예수님은 죄가 없으셨으나 죄인들이 십자가에 못박았음을 기억해야 합니다. 우리는 날마다 우리의 잘못과 교만을 십자가에 못박아야 합니다.

우리가 이 세상에서 하늘의 영광을 맛볼 수 있는 것은 주님이 지신 십자가의 능력 때문입니다. 예수님을 주인으로 삼은 자에게 주어지는 것에 대해 영어 원문의 3~4행에서 이렇게 말합니다. 예수님을 주인으로 삼을 때 우리는 구원의 상속자가 되고 하나님의 소유물이 됩니다. 또 성령으로 거듭나고 보혈로 씻김을 받습니다.

둘째(2절), 온전히 주님께 맡기고 순종하는 것이 간증이 되어야 합니다. 가장 위대한 순종은 예수님이 겟세마네와 갈보리 산에서 보여주신 순종입니다. "내 아버지여 만일 할 만하시거든 이 잔을 내게서 지나가게 하옵소서 그러나 나의 원대로 마시옵고 아버지의 원대로 하옵소서"(마 26:39). 이 기도는 인간 예수의 고뇌에 찬 모습을 보여줍니다. 십자가 위에서 예수님은 "테텔라스타이!"(다 이루었다)라고 승리를 선포하셨습니다. 주님께 온전히 맡길 때 세상이 줄 수 없는 기쁨이 넘칩니다.

예전에는 자기의 욕망과 뜻대로 살았지만, 이제는 하나님의 뜻에 순종해야 합니다. 우리는 주인이 가라 하면 가고, 서라 하면 서야 합니다. 인류 역사상 하나님은 어떤 사람과 함께하셨습니까? 비록 약하고 보잘것없지만 순종하는 자에게 기쁨과 평안이 넘치는 삶을 허락하셨습니다. 주님은 온전히 순종하는 자에게 완전한 기쁨과 황홀한 이상을 주십니다. 하나님은 물으십니다. "누가 순종하길 원하는가? 누가 우리를 위하여 갈 것인가?" 이때 "주여, 제가 여기 있나이다."라고 응답해야 합니다.

셋째(3절), 주 안에서 기쁨을 누리는 것이 간증이 되어야 합니다. 바울은 "주 안에서 항상 기뻐하라 내가 다시 말하노니 기뻐하라"(빌 4:4)고 권면합니다. 바울과 실라는 옥중에서도 하나님을 찬양했습니다. 이것은 주 안에서 누리는 기쁨의 노래였습니다. 사방이 철창으로 둘러싸인 감옥에서 놀라운 일이 일어났습니다. 몸을 묶었던 차꼬가 풀리고, 옥문이 열리고, 간수가 주님을 믿게 된 것입니다. 어떻게 고난 중에 기쁨을 누릴 수 있겠습니까? 주님 안에서라면 가능합니다. 어려움이 닥칠 때도 예수님 안에 있기 때문에 기쁨이 넘칩니다. 우리는 예수님 자체를 기뻐해야 합니다. 하나님 자체가 기쁜 소식입니다.

예수님을 내 구세주로 삼고, 주님께 순종하며, 주 안에서 기쁨을 누리는 것, 원문에서 "이것이 나의 이야기요, 나의 노래라"고 고백하듯, 이것이 우리의 간증과 찬송이 되어야 합니다.

다 감사드리세 새 66 · 통 20

작사_마틴 링카르트(Martin Rinkart, 1586-1649)
작곡_요한 크뤼거(Johann Crüger, 1598-1662)

. . .

1. 다 감사드리세 온 맘을 주께 바쳐, 그 섭리 놀라워 온 세상 기뻐하네.
   예부터 주신 복 한없는 그 사랑, 선물로 주시네 이제와 영원히.

2. 사랑의 하나님 언제나 함께 계셔, 기쁨과 평화의 복 내려주옵소서.
   몸과 맘 병들 때 은혜로 지키사, 이 세상 악에서 구하여주소서.

3. 감사와 찬송을 다 주께 드리어라. 저 높은 곳에서 다스리시는 주님.
   영원한 하나님 다 경배하여라. 전에도 이제도 장래도 영원히.

07 감사가 터져나오다

　1618년부터 계속된 전쟁으로 독일 삭소니 아일렌부르크 지방 사람들은 지옥 같은 나날을 보내야 했습니다. 전쟁은 가톨릭과 개신교 사이의 갈등으로 시작되었으나, 시간이 지나면서 종교와 정치 그리고 국가 분쟁으로 확대되어 30년 동안이나 계속되었습니다.

　사람들은 견고한 성으로 둘러싸인 아일렌부르크로 몰려들었습니다. 여러 차례 전쟁을 치른 사람들은 지칠 대로 지쳐 있었습니다. 스웨덴 군사들이 성을 포위하고 진을 쳤을 때 전쟁은 극단으로 치달았습니다. 건물은 파괴되었고 수많은 피난민이 들끓었습니다. 기근과 질병은 사람들의 삶을 더욱 피폐하게 했습니다. 아침에 눈을 뜨면 이름 모를 전염병으로 죽어나간 시체가 셀 수도 없을 지경이었습니다.

목사들은 병든 사람들을 보살피고 장례식을 치르다가 과로로 쓰러졌습니다. 일에 지친 사역자들은 다른 도시로 가버리거나 병으로 세상을 떠났습니다. 전쟁이 시작되기 일 년 전부터 아일렌부르크 교구의 부감독으로 일해온 루터교 목사 마틴 링카르트(Martin Rinkart) 혼자만 아일렌부르크에 남아 있었습니다. 그의 나이 31세였습니다.

젊은 링카르트 목사는 어느 해에는 거의 하루도 거르지 않고 수십 명의 장례를 치렀습니다. 한 해에 4천여 번의 장례식을 집례했고, 사망자 수가 최고조에 달했을 때는 장례식도 못하고 매장해야 하는 지경에 이르렀습니다. 전쟁이 시작된 지 10년이 지났지만 사망의 음침한 골짜기 같은 지리멸렬한 전쟁은 끝날 기미를 보이지 않았습니다.

1636년의 어느 날 링카르트 목사는 여러 건의 장례식을 마치고 돌아와 무릎을 꿇고 묵상했습니다. 전염병으로 많은 사람들이 죽어갔지만, 그들 중 많은 이들이 믿음의 형제자매라 참 다행이었습니다. 인간의 삶이 이 세상으로 끝나는 것이 아니기에, 고난과 죽음 후에 다가올 하늘나라를 바라볼 때 링카르트 목사는 마음 깊은 곳에서 감사가 흘러나왔습니다. 그는 고난마저 기뻐할 수 있는 힘이 솟구쳤습니다.

링카르트 목사는 비참한 현실에 놓인 식구들을 모아 놓고 권면했습니다. "우리가 삶과 죽음을 오가고 있지만, 온 마음과 힘을 다해 하나님께 감사드립시다. 하나님은 놀라운 일을 행하시는 분이므로, 우리는 주님 안에서 기뻐할 수 있어야 합니다. 하나님은 우리가 어머니의 품에 있을 때부터 우리에게 복을 주신 분입니다. 한없는 사랑의 선물을 누리게 하신 그분은 오늘도 우리의 주님이십니다." 언제 죽을지 모르는 견딜 수 없을 정도로 힘든 환경에서 감사가 터져나온 것입니다.

전쟁과 죽음의 고통 가운데서는 할 수 없는 고백이지만, 하나님은 그의 입에서 감사의 고백이 흘러나오게 하셨습니다. 링카르트 목사는 고통과 죽음이 극성을 부리는 세상에 살면서도, 가족이 함께 모여 식사하며 시간과 공간을 초월한 감사 기도를 드렸습니다. 이것이 찬송 "다 감사드리세"입니다.

다음해 아내마저 흑사병으로 죽는 아픔을 겪었습니다. 그는 살아남은 성도들과 자녀들과 함께 천국을 바라보며 "지금 모두 하나님께 감사드리세"를 힘차게 불렀습니다.

찬송 "다 감사드리세"는 과거와 현재 그리고 미래의 감사를 표현합니다. 1절의 "예부터 주신 복"은 과거부터 주신 복에 대한 감사입니다. 2절의 "언제나 함께 계시는 하나님"은 현재 동행하시는 하나님께 복을 바라는 간구입니다. 3절의 "전에도 이제도 장래도 영원히"는 이 세상뿐 아니라 미래의 천국에서도 울려 퍼질 영광의 찬송을 의미합니다.⁴⁾ 예수님이 어제나 오늘이나 영원토록 동일하시듯, 우리가 하나님께 드리는 감사도 세상의 조건과 환경, 시간을 초월한 감사가 되어야 합니다.

이 찬송은 30년 전쟁 중에는 가족이 함께 모여 식사하기 전에 불렀고, 전쟁이 끝난 후에는 국가적으로 감사절에 불렀습니다. "이제 모두 하나님께 감사드리세"(Nun danket alle Gott)라는 가사 때문에 일명 독일의 '테데움'(Te Deum, 찬미가)으로 불리며 지금은 전세계적으로 애창되고 있습니다.

30년 동안 계속된 전쟁은 찬송 가사에도 큰 변화를 가져왔습니다. 가장 큰 변화는 객관적인 찬송이 주관적인 찬송으로 바뀐 것입니다. 예를 들어, 찬송 "다 감사드리세"의 주제는 위로하시는 하나님이고, 내용은 믿음의 확신과 인도하심에 대한 감사이며, 개인적인 것이 특징입니다. 이전에는 주로 '우리'라는 공동체의 입장에서 찬송이 쓰였지만, 30년 전쟁을 거치면서 공동체보다는 '나'라는 개인과 '가정'이 더욱 중요시되었습니다.

이 곡조를 작곡한 크뤼거(Johann Crüger)는 음악과 신학을 공부했습니다. 그는 유명한 코랄(Chorale: 찬송가, 특히 독일 프로테스탄트 교회의 찬송가. 수많은 칸타타나 합창곡의 기초로서, 독일 바로크 음악의 중심적인 역할을 하였다.)인 "주는 귀한 보배"(새 81장) 등을 작곡하여 독일 교회음악에 큰 영향을 끼쳤습니다.

내 주를 가까이하게 함은 새 338 · 통 364

작사_사라 아담스(Sarah Fuller Flower Adams, 1805-1848)
작곡_로웰 메이슨(Lowell Mason, 1792-1872)

· · ·

1. 내 주를 가까이하게 함은 십자가 짐 같은 고생이나
   내 일생 소원은 늘 찬송하면서 주께 더 나가기 원합니다.

2. 내 고생하는 것 옛 야곱이 돌베개 베고 잠 같습니다.
   꿈에도 소원이 늘 찬송하면서 주께 더 나가기 원합니다.

3. 천성에 가는 길 험하여도 생명 길 되나니 은혜로다.
   천사 날 부르니 늘 찬송하면서 주께 더 나가기 원합니다.

4. 야곱이 잠 깨어 일어난 후 돌단을 쌓은 것 본받아서
   숨질 때 되도록 늘 찬송하면서 주께 더 나가기 원합니다.

08 갑판 위에서의 마지막

우레 같은 박수갈채가 쏟아진 뒤 무대는 막을 내렸습니다. 날씬한 몸매의 매력적인 여배우가 런던 리치몬드 극장 무대에서 내려왔습니다. 사라 아담스(Sarah Adams)는 '맥베스 부인' 역으로 출연한 그 무대를 마지막으로 배우생활을 접었습니다.

아담스의 빼어난 미모와 연기력으로 그녀가 출연하는 공연은 언제나 매진이었습니다. 그러던 어느 날 아담스가 공연 중에 쓰러졌는데, 그녀는 그저 과로쯤으로 여겼습니다. 그런데 기침이

멈추지 않아 병원에 갔다가 악몽 같은 진단을 받았습니다. 아담스가 다섯 살 때 어머니가 폐결핵으로 돌아가셨고, 언니 엘리자베스도 같은 병으로 병상에 누워 있는 신세였는데, 이제 서른두 살밖에 되지 않은 아담스에게도 폐결핵이 고개를 쳐들기 시작한 것입니다. 잘못하면 생명이 위독할 수 있다는 의사의 말에 무척이나 신경이 쓰였습니다. 결국 그녀는 연기를 그만둘 수밖에 없었습니다.

바쁘게 지내다 모든 일을 내려놓으니 쓸데없는 생각만 떠올랐습니다. 그나마 다행스럽게도 마음속에 아름다운 시들이 조금씩 되살아나는 것이 위로가 되었습니다. 그때부터 아담스는 시를 쓰면서, 오랫동안 알고 지낸 윌리엄 폭스(William Fox) 목사를 도와 틈틈이 찬송 만드는 작업에 참여했습니다.

어느 날 창세기를 읽다가 벧엘에 있던 야곱 이야기를 묵상하게 되었습니다. 야곱의 곤경이 마치 자신이 처한 환경처럼 느껴졌습니다. 어린 시절 폐결핵으로 돌아가신 어머니, 연기자로서의 갈등, 형편없이 망가진 외모, 질병과 싸워온 날들…. 그녀는 자신의 삶이 형의 복수를 피해 죽을 위험을 무릅쓰고 도망쳐야 했던 야곱과 같다고 생각했습니다.

질병으로 육신의 아름다움은 망가졌고 세상의 꿈은 사라졌지만, 세상의 성취와는 비교할 수 없는 큰 행복을 주시는 하나님을 바라보게 되었습니다. 하나님께 사로잡힌 아담스는 "주님께 가까워지길 원해요."라며 하나님께 간곡히 의지하는 시를 썼습니다. 바로 우리가 즐겨 부르는 찬송 "내 주를 가까이하게 함은"입니다.

　이 찬송은 창세기 28장 10-22절을 근거로 지어졌습니다. 아버지와 형을 속이고 장자의 축복을 받은 야곱은 형의 복수를 피해 외삼촌 라반이 있는 하란으로 길을 떠납니다. 에서를 피해 도망 다니던 야곱은 기나긴 여행에 지쳐 벧엘에서 돌베개를 베고 잠을 자다가 꿈을 꿉니다. 그가 보니 땅에 사닥다리가 있고 그 꼭대기가 하늘에 닿아있어, 하나님의 천사들이 그 사닥다리를 오르락내리락합니다. 여호와께서 그 위에 서서 말씀하셨습니다. "나는 네 할아버지 아브라함의 하나님, 이삭의 하나님 여호와다. 내가 너와 네 자손에게 네가 지금 자고 있는 땅을 줄 것이다. 네 자손은 땅의 티끌처럼 많아져서 동서남북 사방으로 퍼지며, 땅 위의 모든 민족들이 너와 네 자손을 통해 복을 받을 것이다."(창 28:13-14, 쉬운성경). 주님의 약속을 깨달은 야곱은 그곳에 제단을 쌓았습니다.

　주님은 고생스럽더라도 "좁은 길로 가라"고 말씀하셨습니다. 우리는 주님 때문에 고난마저 기뻐할 수 있어야 합니다. 야곱은 돌베개를 베고 잠을 자야 하는 환경이었지만, 하나님의 인도를 깨닫고 감사의 제단을 쌓았습니다. 우리는 주님의 능력을 힘입어 하늘나라에 이를 때까지 어떠한 험한 길도 헤쳐나가야 합니다.

　이 찬송에 얽힌 유명한 사건은 1912년 4월 14일 운명적인 주일 저녁에 일어났습니다. 그날은 호화로운 여객선 타이타닉호가 대서양 한가운데서 침몰한 날입니다. 그 당시 타이타닉은 대서양을 횡단하기 위해 만든 지구상에서 가장 큰 배로, 모든 것이 완벽하여 '신조차 침몰시킬 수 없는 배'라고 불렸습니다.

사고 당시 배에는 승객 2,340명이 탑승해 있었으나, 구명보트가 부족해 노약자를 비롯한 711명만 간신히 목숨을 건졌습니다. 나머지 1,500여 명의 승객은 거의 반쪽이 난 갑판 위에서 희망을 잃은 채 서 있었습니다. 그때 영국감리교회 성도인 바이올리니스트 하틀리(Wallace Hartley) 악장이 "내 주를 가까이하게 함은" 곡조를 연주하자 동료 여덟 명이 따라 연주하기 시작했고, 사람들이 점점 모여들어 자신들의 생애 마지막 찬송을 노래했습니다. 거센 파도가 배를 완전히 삼킬 때까지 갑판에 있던 사람들은 엄숙하게 죽음을 맞이하며 하나님을 찬양했습니다. "… 숨질 때 되도록 늘 찬송하면서 주께 더 나가기 원합니다."

내 영혼에 햇빛 비치니 새 428 · 통 488

작사_엘라이자 휴윗(Eliza Edmunds Hewitt, 1851-1920)
작곡_존 스웨니(John Robson Sweney, 1837-1899)

. . .

1. 내 영혼에 햇빛 비치니 주 영광 찬란해.
   이 세상 어떤 빛보다 이 빛 더 빛나네.
   (후렴) 주의 영광 빛난 광채 내게 비춰주시옵소서.
   그 밝은 얼굴 뵈올 때 나의 영혼 기쁘다.

2. 내 영혼에 노래 있으니 주 찬양합니다.
   주 귀를 기울이시사 다 듣고 계시네.

3. 내 영혼에 봄날 되어서 주 함께하실 때,
   그 평화 내게 깃들고 주 은혜 꽃피네.

4. 내 영혼에 희락이 있고 큰 소망 넘치네.
   주 예수 복을 주시고 또 내려주시네.

09 얼어붙은 마음이 녹아내리다

엘라이자 휴윗(Eliza Hewitt)은 미국 필라델피아의 한 고등학교에서 교사로 근무하고 있었습니다. 휴윗은 늘 사랑으로 학생들을 가르쳤습니다. 그날도 반항적인 한 학생을 조용히 타이르고 있었습니다. 그런데 화를 참지 못한 학생이 벌떡 일어나 널빤지로 휴윗 선생을 마구 때렸습니다.

그 일로 휴윗은 척추를 크게 다쳐 상반신에 석고 붕대를 감은 채, 대소변도 스스로 해결하지 못하는 몸이 되었습니다. 병원생활이 6개월쯤 되었을 때 석고 붕대를 제거했습니다. 조금은 회복되었지만 더이상 교사생활을 할 수 없었고, 평생 장애를 안고 살아가야 했습니다.

"하나님, 왜 제게 이런 고난을 주시나요?" 휴윗은 의지했던 하나님이 원망스러웠습니다. 교회에서는 주일학교 학생들을 열심히 가르쳤고, 학교에서는 학생들을 선도하며 바르게 살아온 휴윗으로서는 주권자 하나님을 이해할 수 없었습니다.

사고 후 일 년이 지난 따스한 햇살이 비치는 봄날이었습니다. 몸을 다친 후로는 마음대로 걷지도 못하고 사람들이 쳐다보는 것도 싫어 병원 밖을 잘 나서지 않았습니다. 그런데 그날은 예전에 가끔 들렸던 페어마운트공원을 꼭 걸어보고 싶은 마음이 들어 담당의사의 허락을 받고 산책을 나갔습니다.

목발을 짚고 어린아이처럼 한 걸음씩 발걸음을 떼어놓았습니다. 하늘은 눈이 부셨습니다. 추운 겨울을 이기고 새로 돋아난 초록색 나뭇잎이 햇빛에 반사되어 아름다웠습니다. 봄 햇살의 따사로움이 온 세상을 품고 있는 듯 했습니다. 그 순간 햇빛 같은 하나님의 사랑이 휴윗의 영혼을 감싸 안았습니다. 그녀의 마음속 깊이 얼어붙어 있던 원망과 미움이 그 햇살에 녹아내렸습니다.

자연 속에 운행하시는 하나님의 숨결을 느낀 휴윗은, 아프기 전이나 지금이나 언제나 동일하신 하나님을 다시 만나게 되었습니다. 지난해 자신을 때린 학생의 모습이 떠올랐습니다. 그리고 그 학생을 용서할 수 있는 마음을 주신 주님께 감사했습니다. 휴윗은 회개와 감사의 눈물을 흘리며 온 우주를 감싸는 하나님의 은혜를 만끽했습니다.

병원에 돌아온 휴윗은 창가에 비치는 햇빛을 바라보며 글을 쓰기 시작했습니다. 그때 쓴 글이 바로 찬송 "내 영혼에 햇빛 비치니"입니다.

오늘 내 영혼에 햇빛 비치니
There is sunshine in my soul today,

더욱 밝고 영광스러운 빛이라네.
More glorious and bright

이 세상 하늘의 어떤 빛보다.
Than glows in any earthly sky,

예수님이 나의 빛이시기 때문이라네.
For Jesus is my Light.

(후렴)
오 햇빛, 복된 빛이 있네.
O there's sunshine, blessed sunshine,

평화롭고 행복한 순간이 밀려올 때
When the peaceful, happy moments roll;

예수님이 웃는 얼굴을 내게 보이실 때
When Jesus shows His smiling face

내 영혼에 햇빛 비치네.
There is sunshine in the soul.

"그 안에 생명이 있었으니 이 생명은 사람들의 빛이라"(요 1:4) 는 말씀처럼 빛은 어둠을 몰아내는 주님을 의미합니다(시 27:1; 고후 4:6). 찬송의 1절은 예수님이 빛이 되심을 고백합니다. 2절은 모든 것을 귀기울여 들어주시는 사랑의 주님을 표현합니다. 3절은 휴윗이 공원에서 느낀 아름다운 세계를 회상하며 영혼을 만져주신 주님의 은혜에 감사합니다. 4절은 영혼의 기쁨과 소망을 노래하며, 주님께서 내려주실 복을 기대하고 있습니다.

휴윗은 이후에도 자신이 지은 가사처럼 복된 삶을 살았습니다. 평생을 독신으로 지내며 어린아이들에게 사랑을 쏟았습니다. 그녀는 회복 후 필라델피아의 노던 홈 주일학교 부장으로 헌신하다가 칼빈장로교회로 옮겨 초등부 부장으로 봉사했습니다. 사람들에게 설교를 부탁받았을 때 그녀는 이렇게 말했습니다. "제가 병중에 있거나 도시를 떠나 있을 때를 제외하고는 초등부 부장 일을 중단한 적이 없으니, 이 점을 고려하여 초청해 주시면 기꺼이 응하겠습니다." 휴윗은 불구의 몸이었지만 평생 어린이를 돌보며 섬김의 삶을 살았습니다.

나 같은 죄인 살리신 새 305 · 통 405

작사_ 존 뉴턴(John Newton, 1725-1807)
원곡_ 미국 민요
편곡_ 에드윈 엑셀(Edwin Othello Excell, 1851-1921)

. . .

1. 나 같은 죄인 살리신 주 은혜 놀라워
   잃었던 생명 찾았고 광명을 얻었네.

2. 큰 죄악에서 건지신 주 은혜 고마워
   나 처음 믿은 그 시간 귀하고 귀하다.

3. 이제껏 내가 산 것도 주님의 은혜라.
   또 나를 장차 본향에 인도해 주시리.

4. 거기서 우리 영원히 주님의 은혜로
   해처럼 밝게 살면서 주 찬양하리라.

10 노예 무역선 선장이 목사가 되다

영국 런던에서 태어난 존 뉴턴(John Newton)은 일곱 살 때 폐병으로 어머니를 여의었습니다. 그는 열한 살 때부터 선장인 아버지와 살면서 험난한 어린 시절을 보냈습니다. 학교도 제대로 다니지 못한 채 해군에 입대했는데, 엄격한 규율을 견디다 못해 탈영하여 감옥에 수감되었고, 사람들이 보는 앞에서 채찍질까지 당했습니다.

반항심이 극에 달한 청년 뉴턴은 노예 무역선에 올랐습니다.

바다에 관해서는 누구보다도 잘 알았던 그였기에 곧 선장으로 승진할 수 있었습니다. 그는 사람을 사고팔았을 뿐 아니라 온갖 방탕한 짓을 다하며 살았습니다.

스물세 살의 뉴턴 선장은 비틀거리며 배에서 내려왔습니다. 그리고 뒤돌아 배를 한번 쳐다보았습니다. 그날은 술에 취해 비틀거린 것이 아니었습니다. 몸도 지쳐 있었지만 무엇보다 죄책감으로 인한 심리적 고통이 견디기 힘들었습니다. 사실 브라질에서부터 긴 시간을 항해하는 동안 뉴턴의 일생을 바꾸는 일이 일어났습니다.

배 안에서 그는 3세기 전 토머스 아 켐피스(Thomas a Kempis)가 쓴 『그리스도를 본받아』를 읽고 있었습니다.[5] 그런데 갑자기 대서양에서 배를 집어삼킬 듯한 거대한 폭풍이 일었습니다. 다행이 배가 반쪽이 나기 직전에 폭풍이 멈췄습니다. 뉴턴의 머릿속에서는 책에서 읽은 예수 그리스도에 대한 생각이 떠나지 않았습니다. 하나님이 뉴턴에게 찾아오신 것입니다.

뉴턴은 바다 한가운데서 부르시는 주님의 음성에 귀를 기울였습니다. 그는 하나님을 모른 채 하루하루를 세상의 것으로 만족하며 살았던 시간들이 어리석게 느껴졌습니다. 그는 울부짖으며 지금까지의 삶을 낱낱이 고백하고 뉘우쳤습니다. 자신과 같은 흉악한 죄인을 용서하시고 한없는 기쁨을 주시는 하나님을 만난 것입니다.

뉴턴은 노예 무역선의 마지막 항해를 끝으로 모든 죄의 사슬도 마지막이라고 되뇌었습니다. 비틀거리며 내려와 마지막으로 배를 쳐다보았을 때, 그는 이미 하나님을 위해 목숨을 바치기로 결심했습니다. 그때까지만 해도 뉴턴 같은 망나니가 목사가 되리라고는 아무도 상상하지 못했습니다. 그러나 하나님은 아셨습니다.

뉴턴은 마음을 굳게 먹고 16년 동안 낮에는 일하고 밤에는 독학하여 신학공부를 마쳤습니다. 그리고 목사 안수를 받고 올니라는 작은 마을로 파송되었습니다. 그곳에서 사역을 시작한 지 얼마 되지 않았을 때, 뉴턴은 자신을 돌아보며 "놀라운 주님의 은혜"에 대해 설교했습니다. 설교를 준비하던 그는 죄인 중에 죄인인 자신을 구원하신 주님의 은혜를 찬양하지 않을 수 없었습니다. 그 설교의 마무리를 위해 그는 시 한 편을 썼습니다.[6] 바로 찬송 "나 같은 죄인 살리신"입니다.

> 나 같은 죄인 살리신 주 은혜 놀라워
> 잃었던 생명 찾았고 광명을 얻었네.
>
> 큰 죄악에서 건지신 주 은혜 고마워
> 나 처음 믿은 그 시간 귀하고 귀하다.

사실 이 찬송은 뉴턴뿐 아니라 십자가의 은혜를 입은 우리 모두의 고백입니다. 영원히 죽을 수밖에 없었던 우리를 구원해 주신 하나님의 은혜에 대해 지난 삶과 현재의 삶 그리고 미래의 삶을 노래하는 간증입니다.

그 후 뉴턴은 잉글랜드에서 아주 능력 있는 사역자가 되었습니다. 그러나 그는 자신이 추악하고 흉악한 죄인이며 뱃사람이었음을 결코 잊지 않았습니다. 죄인을 구원해 주신 주님의 은혜를 또렷이 기억하고 살아간 것입니다. 인생에 석양이 질 무렵 그가 런던에서 사역하고 있을 때, 그는 한 손에는 성경책을 다른 손에는 찬송가를 들고, 노예선 선장 복장을 한 채 강단에 올랐습니다.[7] 그리고 자기 같은 죄인을 살리신 예수님의 복된 소식을 힘있게 선포했습니다.

뉴턴이 나이가 많아져 사역을 힘들어할 무렵 한 교인이 찾아와 "이제 건강이 좋지 않으니 은퇴하시는 것이 어떻습니까?" 하고 권했습니다. 뉴턴은 단호히 말했습니다.

"과거에 아프리카 흑인들을 매매하던 이 죄인이 아직 말할 힘이 있는데 설교를 그만두란 말이오? 나는 이제 기억력도 없소. 그러나 내가 분명히 기억하는 것 두 가지가 있소. 그것은 내가 큰 죄인이라는 것과 그리스도께서 나를 구원해 주셨다는 사실이오."[8]

고요한 밤 거룩한 밤 새 109 · 통 109

작사 _ 요셉 모르(Joseph Mohr, 1792-1848)
작곡 _ 프란츠 그뤼버(Franz Grüber, 1787-1863)

...

1. 고요한 밤 거룩한 밤 어둠에 묻힌 밤, 주의 부모 앉아서
   감사 기도 드릴 때, 아기 잘도 잔다 아기 잘도 잔다.

2. 고요한 밤 거룩한 밤 영광이 둘린 밤, 천군 천사 나타나
   기뻐 노래 불렀네. 구주 나셨도다 구주 나셨도다.

3. 고요한 밤 거룩한 밤 동방의 박사들, 별을 보고 찾아와
   꿇어 경배 드렸네. 구주 나셨도다 구주 나셨도다.

4. 고요한 밤 거룩한 밤 주 예수 나신 밤, 그의 얼굴 광채가
   세상 빛이 되었네. 구주 나셨도다 구주 나셨도다.

11 고장난 오르간

오래된 도시 잘츠부르크는 오스트리아 알프스 산맥의 골짜기에 자리잡고 있습니다. 그곳에서 멀지 않은 곳에 오벤도르프라는 마을이 있습니다. 26세의 젊은 요셉 모르(Joseph Mohr)는 그곳에서 3년 동안 목회했습니다. 31세였던 프란츠 그뤼버(Franz Grüber) 교사도 같은 교회를 섬기고 있었습니다.

1818년 크리스마스 일주일 전, 여러 지역을 떠돌며 공연하는 유랑극단이 성탄절 연극을 하기 위해 오벤도르프를 방문했습니

다. 그들의 공연은 교회에서 열릴 예정이었지만, 오르간 수리공이 오르간을 고치기는커녕 완전히 고장을 내놓았기에 할 수 없이 어느 가정집에서 공연을 하게 되었습니다. 여건이 갖추어지지 않았지만 배우들의 연기는 모르 신부의 마음에 잔잔한 감동을 주었습니다.

연극이 끝난 후 모르 신부는 마을이 내려다보이는 알프스의 작은 언덕을 거닐었습니다. 하늘이 아주 맑은 고요하고 거룩한 밤이었습니다. 하늘을 바라보던 그에게 인류가 성탄을 기념하는 한 계속해서 불릴 찬송이 떠올랐습니다. 밤 12시가 다 되어 집에 들어온 모르 신부는 머릿속에 맴도는 그 시를 옮겨 적기 시작했습니다. "Stille Nacht! Heilige Nacht!" 바로 찬송 "고요한 밤 거룩한 밤"입니다. 다음날 그는 날이 밝자마자 음악교사인 그뤼버를 찾아갔습니다. 그는 그뤼버가 멜로디를 붙여주길 바라는 마음으로 자신이 쓴 시를 건네주었습니다.

그리고 크리스마스 이브가 되었습니다. 아기 예수님의 탄생을 축하하기 위해 시골교회에 성도들이 모였습니다. 모르 신부의 시에 선율을 작곡해 온 그뤼버도 맨 앞자리에 앉아 있었습니다. 그뤼버는 자신이 가져온 기타를 치기 시작했습니다. 잠시 후 그뤼버의 기타 반주에 맞추어 모르 신부와 그뤼버가 아기 예수님의 나심을 조용히 노래했습니다.

고요한 밤 거룩한 밤 어둠에 묻힌 밤

주의 부모 앉아서 감사 기도 드릴 때

아기 잘도 잔다. 아기 잘도 잔다.

오스트리아 오벤도르프의 작은 교회 안에 두 젊은이가 함께 부르는 세상에서 가장 아름다운 크리스마스 캐럴이 울려 퍼졌습니다. 지금까지도 온 세상의 그리스도인들이 성탄절마다 아기 예수님의 탄생을 축하하며 이 찬송을 부르고 있습니다.

고요한 밤에 기적이 일어나다

전쟁터에서 벌어진 일입니다. 제1차 세계대전이 한창이던 1914년 12월 24일 프랑스 북부 릴 근처의 서부전선에서 영국군과 독일군이 서로 총을 겨누며 대치하고 있었습니다. 이 무렵 군인들은 가족과 친구들에게서 편지와 크리스마스 선물을 한창 받고 있었습니다. 독일군의 가족들은 크리스마스 트리용 전나무를 보내왔습니다. 크리스마스 이브가 되자, 독일군들은 참호 근처에 크리스마스 트리를 세우고 촛불과 전구로 장식했습니다.[9]

독일군 참호에 불빛이 반짝거리자 영국군은 긴장했고, 속임수가 아닐까 의심했습니다. 잠시 후 독일군 참호에서 "고요한 밤 거룩한 밤" 캐럴이 울려 퍼졌습니다. 그러자 노래를 들은 영국군들이 "저들 밖에 한밤중에"를 불렀고, 독일군들은 박수갈채를 보내며 또 다른 독일 캐럴 "오, 소나무여"로 화답했습니다. 이렇게 독일군과 영국군 사이에 캐럴이 번갈아 오가기를 계속했고, 마지막으로 영국군이 "참 반가운 성도여"를 부르자 독일군들이 라틴어 가사로 함께 부르며 마음이 하나가 되었습니다. 그렇게 친근한 분위기가 고조되어 상대편을 향해 오라고 소리쳤습니다.

마침내 각자의 참호에서 나와 양측의 중간 지점 여기저기서 서로 악수하며 성탄 인사를 나누었습니다. 적대감으로 대치하던 전쟁터가 크리스마스 이브의 어둠 속에서 만남의 장소로 변한 것입니다. 크리스마스 아침이 밝아오자 양측 군인들은 여기저기 흩어져 있던 시체들을 모아 함께 묻어주었습니다. 그곳에서 독일어와 영어로 기도하며 함께 예배를 드렸습니다. 그리고 음식과 기념품을 나누면서 함께 축구하며 즐거워했습니다.

불과 몇 시간 전까지만 해도 서로 총을 겨누던 그들이 함께 웃으며 하나가 되어 있었습니다. 기적이 일어난 것입니다. "지극히 높은 곳에서는 하나님께 영광이요 땅에서는 하나님이 기뻐하신 사람들 중에 평화로다"(눅 2:14). 2천여 년 전 아기 예수님의 탄생을 기뻐하며 찬양했던 천군천사들의 노래가 크리스마스에 서부 전선의 전쟁터에서 그대로 이루어진 것입니다. "고요한 밤 거룩한 밤 주 예수 나신 밤, 그의 얼굴 광채가 세상 빛이 되었네. 구주 나셨도다. 구주 나셨도다."

서쪽 하늘 붉은 노을 새 158

작사 _ 주기철(1897-1944)
작곡 _ 김남수(1954-)

· · ·

1. 서쪽 하늘 붉은 노을 언덕 위에 비치누나, 연약하신 두 어깨에 십자가를 생각하니.
   머리에 쓴 가시관과 몸에 걸친 붉은 옷에, 피 흘리며 걸어가신 영문 밖의 길이라네.

2. 한 발자국 두 발자국 걸어가는 자국마다, 땀과 눈물 붉은 피가 가득하게 고였구나.
   간악하다 유대인들 포악하다 로마병정, 걸음마다 자국마다 갖은 곤욕 보셨도다.

3. 눈물 없이 못 가는 길 피 없이는 못 가는 길, 영문 밖의 좁은 길이 골고다의 길이라네.
   영생의 복 얻으려면 이 길만을 걸어야 해, 배고파도 올라가고 죽더라도 올라가세.

4. 아픈 다리 싸매 주고 저는 다리 고쳐주고, 보지 못한 눈을 열어 영생 길을 보여주니,
   온갖 고통 다하여도 제 십자가 바로 지고, 골고다의 높은 고개 나도 가게 하옵소서.

12 일사(一死) 각오

1920년대에 도쿄음악학교를 나온 윤심덕이라는 가수가 있었습니다. 그녀는 세상 사람들의 주목을 한몸에 받은 한국 최초의 성악가이자 대중가수이며 배우였습니다. 윤심덕은 루마니아 작곡가 이바노비치(Iosif Ivanovich)의 "도나우 강의 잔물결" 곡조를 차용해서 "사(死)의 찬미"를 히트시켰습니다.

"광막한 광야를 달리는 인생아, 너는 무엇을 찾으려 하느냐. 이래도 한세상 저래도 한세상, 돈도 명예도 사랑도 다 싫다…" 윤

심덕은 노래로 죽음을 찬미했습니다. 일본에서 음반 녹음을 마치고 한국으로 돌아오던 윤심덕은 애인과 함께 바다에 몸을 던져 자기가 부른 노래처럼 스스로 생을 마감했습니다. 그때 윤심덕의 나이 30세였습니다.

똑같은 곡조에 맞추어 생명의 십자가를 노래한 사람이 있습니다. 일제시대에 신사참배를 반대하다 순교한 주기철 목사입니다. 경남 창원에서 태어난 그는 평양신학교를 졸업한 후 몇 교회를 거쳐 39세에 평양 산정현교회를 담임했습니다. 그는 일본이 강요한 신사참배를 거부하며 신앙을 실천했습니다. 그 일로 다섯 번에 걸쳐 5년 넘게 감옥생활을 하면서 복음을 위해 싸웠습니다. 그 당시 조선예수교장로회 평양노회는 주기철 목사가 신사참배 결의에 따르지 않는다는 이유로 그를 목사직에서 파면했습니다.

주기철 목사는 1944년 4월 21일 평양감옥에서 고문당하다 47세의 나이로 순교했습니다. 그는 연약한 육신을 지녔지만 하나님을 목숨보다 더 사랑했기에 믿음의 절개를 지키고 순교까지 감당할 수 있었습니다.

주기철 목사는 '일사 각오'(一死覺悟, 한번 죽는다는 각오)의 신앙으로 살았습니다. '일사 각오'는 그가 1935년 12월 17일부터 3일간 열렸던 평양신학교 학생부흥회 마지막 날, 요한복음 11장 16절("디두모라고도 하는 도마가 다른 제자들에게 말하되 우리도 주와 함께 죽으러 가자 하니라")을 가지고 전한 설교 제목입니다.[10] 그는 "주님은 나를 위해 십자가를 지셨습니다. 주님은 최후의 피 한 방울까지 다 쏟으셨습니다. 주님은 이렇게 나를 위해 죽으셨거늘 내 어찌 죽음을 무서워하리요. 나는 일사의 각오와 다짐이 있을 뿐입니다."라며 말씀을 외쳤습니다.

첫째, 예수님을 따라 일사 각오! 예수님을 버리고 살 것인가, 예수님을 따라 죽을 것인가? 예수님을 버리고 사는 길은 죽는 길이요, 예수님을 따라 죽는 길은 진정으로 사는 길입니다. 그래서 예수님의 열두 제자 중 가장 솔직했던 도마가 "우리도 주님과 함께 죽자"고 일사 각오를 다짐한 것입니다.

둘째, 남을 위하여 일사 각오! 예수님은 자신을 위하여 살지 않고 남을 위해 사셨습니다. 세상에 태어나신 것 자체가 남을 위한 것이었고, 십자가에 죽으신 것도 죄인을 위한 것입니다. 우리도 남을 위한 희생의 삶을 살아야 합니다. 세상 사람들은 남을 희생시켜 자기의 이익을 취하지만, 우리는 자신을 희생하여 남을 살리도록 일사 각오를 다짐합시다.

셋째, 부활의 진리를 위하여 일사 각오! 부활의 복음은 지금까지 피를 흘림으로써 전해져 왔습니다. 로마제국의 잔혹한 박해 아래 50만 성도가 피를 흘렸고, 로마 교황의 핍박 아래 100만 성도가 피를 흘렸습니다. 우리가 읽는 성경은 피로 기록되었고 피로 전해졌습니다. 우리가 예수님을 믿는 것은 선택이며 결단입니다. 이제는 예수님과 세상 중 하나를 선택해야 합니다.
예수님은 나 같은 죄인을 위해 온몸이 찢기는 고문을 받으셨고,

머리에는 가시관을 쓰셨습니다. 인체의 가장 예민한 신경계가 흐르는 두 손과 발에 쇠못이 박혀 십자가에 달리셨습니다. 예수님은 죄인인 나를 위해 최후의 피 한 방울까지 남김없이 쏟으셨거늘, 어찌 내가 죽음을 두려워하겠습니까? 우리에겐 다만 '일사 각오'가 있을 뿐입니다.

찬송 "서쪽 하늘 붉은 노을"에는 주기철 목사의 신앙과 삶이 고스란히 묻어 있습니다. 주님은 우리를 구원하기 위해 고난의 십자가를 지셨습니다. 주님은 발자국마다 땀과 피를 흘리며 온갖 모욕을 당하셨습니다. 십자가의 길은 눈물 없이는 못가는 길입니다. 그렇지만 아무리 힘들더라도 영생의 복을 얻기 위해 참고 견뎌야 합니다.

고난의 길은 예수님이 가신 길이고 제자들이 간 길입니다. 그리고 우리가 가야 할 길입니다. 그것은 잠시의 고난이지만 영원의 관점에서는 분명히 신령한 하늘의 복으로 다가올 것입니다. 주님은 우리의 아픔을 치료해 주시고 하늘나라를 보여주시며, 모자라지도 넘치지도 않게 힘을 주십니다. 우리는 날마다 이렇게 고백해야 합니다. "제 십자가 바로 지고 골고다의 높은 고개 나도 가게 하옵소서!" 지금, 당신은 무엇을 구하고 있습니까?

주 예수보다 더 귀한 것은 없네 새 94 · 통 102

작사 _ 리아 밀러 (Rhea F. Miller, 1894-1966)
작곡 _ 조지 쉬아 (George Beverly Shea, 1909-)

· · ·

1. 주 예수보다 더 귀한 것은 없네. 이 세상 부귀와 바꿀 수 없네.
   영 죽은 내 대신 돌아가신, 그 놀라운 사랑 잊지 못해.
   (후렴) 세상 즐거움 다 버리고, 세상 자랑 다 버렸네.
   주 예수보다 더 귀한 것은 없네. 예수밖에는 없네.

2. 주 예수보다 더 귀한 것은 없네. 이 세상 명예와 바꿀 수 없네.
   이 전에 즐기던 세상일도, 주 사랑하는 맘 뺏지 못해.

3. 주 예수보다 더 귀한 것은 없네. 이 세상 행복과 바꿀 수 없네.
   유혹과 핍박이 몰려와도, 주 섬기는 내 맘 변치 않아.

13 뜨거운 박수갈채도 예수님과 바꿀 수 없다

찬송 "주 예수보다 더 귀한 것은 없네"는 끊임없이 우리에게 묻습니다. "당신은 진정 예수님을 이 세상 무엇과도 바꿀 수 없습니까? 물질과 명예, 부모 자식 그리고 건강보다도 예수님을 더 사랑하십니까?" 이 질문은 많은 사람들에게, 자신의 삶을 돌아보며 이제부터 예수님만 기뻐하겠다고 다짐하게 합니다. 우리는 입술로 이 찬송을 노래하지만 마음은 세상의 것들을 기뻐하며 살았기에,

지나온 삶을 부끄러워할 수밖에 없습니다.

이 찬송을 작곡한 조지 쉬아(George Shea)는 자신이 작곡하고 불러온 노래처럼 살려고 최선을 다한 신앙인입니다. 쉬아는 캐나다 온타리오에서 감리교 목사인 아담 쉬아(Adam Shea)의 여덟 자녀 중 넷째로 태어났습니다. 그는 오타와 애네슬리대학을 거쳐 뉴욕의 호튼대학에 편입했습니다. 그런데 일 년이 채 안 되었을 때, 미국에 불어닥친 경제 한파로 학업을 포기할 수밖에 없었습니다.

대학을 그만둔 뒤, 뉴욕의 보험회사에서 일하다 방송국 편성부장인 프레드 알렌(Fred Allen)을 알게 되었고, NBC 라디오 프로그램에서 "가라, 모세"를 부른 것이 큰 호응을 얻어 정기적인 출연을 요청받았습니다. 이것은 2007년 영국의 오디션 프로그램 "브리튼스 갓 탤런트"의 첫 시즌 우승자인 핸드폰 판매원 폴 포츠(Paul Potts)를 연상시킵니다.

1932년 쉬아에게 그야말로 생각지도 못한 기회가 찾아왔습니다. 인기도 얻고 경제적인 어려움도 벗어날 수 있게 된 것입니다. 이 소식을 들은 어머니는 리아 밀러(Rhea Miller) 부인이 지은 시 한 편을 쉬아에게 건네주었습니다. 어머니가 제일 좋아하는 시였습니다. 시를 읽던 쉬아는 조용히 눈을 감았습니다. 그러고는 세상의 짧고 작은 행복을 바라보며 떨 듯이 기뻐하는 바보 같은 자신의 모습을 하나님께서 기뻐하실지 생각해 보았습니다.

하나님은 즉시 "너를 위해 세상에 보낸 예수 외에는 어떠한 것도 네게 만족을 줄 수 없다"고 말씀하시는 것 같았습니다. 어머니에게 받은 짧은 글이 믿음과 확신으로 마음에 와닿은 것입니다. "그래, 예수님만이 내 행복이야!" 그는 즉시 그 아름다운 가사에 곡조를 붙이기 시작했습니다. 바로 "주 예수보다 더 귀한 것은 없네"라는 시가 음악과 만나는 순간이었습니다.

쉬아는 자신이 쓴 찬송 곡조를 부르며 주님만이 자신의 행복임을 고백했습니다. 그것은 어머니가 바라던 삶이었고, 하나님이 찾으시는 헌신이었습니다. 며칠 후 방송국에서 전화가 왔을 때 쉬아는 확신에 찬 목소리로 대답했습니다. "죄송합니다. 저는 세상의 부귀영화를 위해 살지 않고, 오직 하나님의 영광을 위해 살기로 다짐했습니다. 그리고 하나님이 주신 재능을 주님만을 위해 사용하기로 결심했습니다." 방송국 사람들은 이해할 수 없었지만 그것은 일생을 통해 쉬아가 할 수 있는 가장 위대한 결정이었습니다.

찬송 가사의 중요한 특징은 "B를 하느니 A를 하겠다"(would rather A than B)고 선택하는 것입니다. 비교구문을 사용하여 더 가치 있는 한 가지를 선택하게 합니다. 즉, 1절은 '세상의 부귀'보다 '예수님'을, 2절은 '세상의 명예'보다 '예수님'을, 그리고 3절은 '세상의 행복'보다 '예수님'을 더욱 귀하게 여긴다고 이야기합니다.

우리나라에서는 '세상 부귀'(1절)로 간단히 번역되었지만, 영어 가사는 이것을 구체적으로 언급하고 있습니다. 이 세상의 금과 은, 막대한 재물, 집이나 땅보다 예수님을 기뻐하겠다고 고백합니다.

> 금이나 은보다 예수님을 알기 원하며
> I'd rather have Jesus than silver or gold;
>
> 막대한 재물을 갖기보다 그분의 것이 되기 원하네.
> I'd rather be His than have riches untold;
>
> 집이나 땅보다 예수님을 알기 원하며
> I'd rather have Jesus than houses or lands;
>
> 그의 못박힌 손에 이끌리기 원하네.
> I'd rather be led by His nail-pierced hand.

쉬아는 빌리 그레이엄 목사가 이끄는 전도단의 독창자로 참여하여 온 세계를 돌며 찬양과 간증으로 전도했습니다. 1983년 74세가 된 백발의 쉬아는, 네덜란드 암스테르담에서 열린 '세계전도대회'에서 빌리 그레이엄 목사의 설교 후에 굵은 베이스 음성으로 "주 예수보다 더 귀한 것은 없네"를 불렀습니다. 수많은 회중의 끝없는 박수에 쉬아는 다시금 고백했습니다.

"여러분, 진심으로 감사합니다. 그러나 저는 여러분의 뜨거운 박수갈채도 예수님과 바꿀 수 없습니다."

예수가 거느리시니 새 390 · 통 444

작사_ 조셉 길모어(Joseph Henry Gilmore, 1834-1918)
작곡_ 윌리엄 브래드버리(William Batchelder Bradbury, 1816-1868)

. . .

1. 예수가 거느리시니 즐겁고 평안하구나.
   주야에 자고 깨는 것 예수가 거느리시네.
   (후렴) 주 날 항상 돌보시고 날 친히 거느리시네.
   주 날 항상 돌보시고 날 친히 거느리시네.

2. 때때로 괴롬 당하면 때때로 기쁨 누리네.
   풍파 중에 지키시고 평안히 인도하시네.

3. 내 주의 손을 붙잡고 천국에 올라가겠네.
   괴로우나 즐거우나 예수가 거느리시네.

4. 이 세상 이별할 때에 마귀의 권세 이기네.
   천국에 가는 그 길도 예수가 거느리시네.

14 설교가 찬송이 되다

1862년 3월 26일 수요일 밤이었습니다. 미국의 여러 주는 아직도 전쟁 중이었고, 아브라함 링컨의 노예해방도 선언되기 전이었습니다. 그들은 싸우는 이유도 확실히 모른 채 피를 흘리고 있었습니다. 그런 험악한 상황이 언제쯤 끝날지 아무도 몰랐습니다. 성도들은 하나님의 도우심을 간절히 구할 뿐이었습니다.

그런 환경 가운데 조셉 길모어(Joseph Gilmore) 목사는 필라델피아의 제일침례교회 수요일 밤 예배에 설교 초청을 받아 "주님이 우리를 인도하신다"는 제목으로 시편 23편 말씀을 전했습니다. 그날 밤은 말씀을 전하는 자나 듣는 자 모두가 이전에 느낄 수 없었던 은혜를 체험했습니다.

길모어 목사는 예배를 마친 후 토머스 왓슨 집사의 집에 초대 받았습니다. 왓슨과 교인들은 감동을 준 설교에 감사했습니다. 길모어 목사는 시편 23편을 묵상하면 할수록 즐겁고 평안한 길로 인도하시는 하나님을 통해 더 큰 기쁨을 누린다고 고백했습니다.

길모어 목사는 그날 교인들과 나눈 간증이 은혜가 되었습니다. 그는 우리를 늘 돌보시고 인도하시는 하나님의 은혜를 설교 원고 뒷면에 적기 시작했습니다. "예수가 거느리시니 즐겁고 평안하구나. 주야에 자고 깨는 것 예수가 인도하시네…." 그는 느낌대로 적은 시를 아내에게 건네주었습니다.

길모어 목사는 자신이 쓴 찬송을 잊어버렸지만 그의 아내는 잊지 않았습니다. 그녀는 남편 모르게 그 시를 《파수꾼과 반사경》 (*Watchman and Reflector*)이라는 정기간행물에 기고했습니다. 작곡가 윌리엄 브래드버리가 이 찬송시를 보고 감동하여 곡을 붙였고, 이 찬송가는 곧 『황금빛 향로』(*The Golden Censer*, 1864)에 수록되어 미국 전역에 널리 알려졌습니다.

3년이 지난 어느 봄날이었습니다. 31세 된 조셉 길모어는 뉴욕 로체스터의 제2침례교회를 담임하게 되었습니다. 그는 새 교회에서 첫 설교에 사용할 알맞은 곡을 찾으려고 찬송가책을 뒤적거렸습니다. 그런데 책장을 천천히 넘기던 길모어 목사의 시선이 한 곳에서 멈추었습니다. 작사자 이름이 조셉 길모어라고 써 있는 게 아닙니까! 눈이 휘둥그레진 그는 아내에게 시를 건네줬던 사실을 기억해냈습니다. 그리고 미소를 지으며 3년 전 수요일 밤을 회상했습니다. '그래, 하나님은 우리의 인도자가 되시지. 오늘도 여호와는 나의 목자시니 내게 부족함이 없으리로다. 할렐루야!' 그는 그날 인도자 되신 하나님을 성도들에게 힘차게 전하면서 첫 설교를 시작했습니다.

찬송 "예수가 거느리시니"의 주제는 주님의 인도입니다(시 23편). 1절: 만남은 중요합니다. 만남은 잠시지만 삶에 큰 영향을 미칩니다. 우리는 인생을 살면서 부모형제, 배우자, 스승, 친구 등 많은 사람을 만납니다. 그러나 가장 중요한 만남은 우리를 영원히 인도하실 예수님을 개인적으로 만나는 것입니다. 주님은 우리가 낙심할 때 용기를 주시고, 눈물 흘릴 때 닦아주시며, 상처를 고쳐주시고, 갈급한 심령을 적셔주십니다. 예수님은 우리 삶에 필요한 것을 공급해 주시며, 낮과 밤에 깨고 자는 것까지 개입하시는 삶의 인도자입니다.

2절: 예수님은 평안을 주십니다. 우리는 사망의 음침한 골짜기를 다닐 수밖에 없는 연약한 존재입니다. 우리의 인생은 겉으로는 평안해 보여도, 남모르는 아픔과 괴로움 그리고 절망으로 몸부림칩니다. 그러나 주님을 의지할 때 주의 지팡이와 막대기가 우리를 평안하게 합니다(시 23:4). 우리는 병에 걸리고 실패합니다. 그러나 고쳐주시고 일으켜주실 하나님이 있기에 즐거워합니다. 주님은 세상이 줄 수 없는 평안을 주시는 평화의 왕입니다.

3절: 예수님은 언제나 우리와 함께하십니다. 우리는 인생길에서 질병의 고통, 이별의 아픔, 궁핍과 상실감, 외로움을 만납니다. 그러나 주님께서 우리의 손을 잡아주시므로 절망할 필요가 없습니다. "해를 두려워하지 않을 것은 주께서 나와 함께하심이라"(시 23:4). 보배로운 믿음은 주님이 나와 함께하신다는 사실을 끊임없이 고백하는 것입니다. "내가 세상 끝날까지 너희와 항상 함께 있으리라"(마 28:20). 우리 주님은 인도자 되시는 임마누엘 하나님이십니다.

4절: 예수님은 우리를 하늘나라로 인도하십니다. 이 세상과 이별할 때 주님은 마귀의 권세를 이길 수 있는 영생의 복을 주십니다. "내 평생에 선하심과 인자하심이 반드시 나를 따르리니 내가 여호와의 집에 영원히 살리로다"(시 23:6). 우리가 간절히 바랄 것은 하나님의 나라와 의입니다. 하나님과 멀어진 상태에서 누리는 이 땅의 짧은 번영은 허무함과 절망으로 끝납니다. 기쁨은 하나님의 말씀을 따라 살 때 필연적으로 얻게 됩니다. 기쁨 중의 기쁨은 주님과 함께 영원히 사는 구원의 기쁨입니다.

인애하신 구세주여 새 279 · 통 337

작사 _ 패니 크로스비(Fanny Jane Crosby, 1820-1915)
작곡 _ 윌리엄 도언(William Howard Doane, 1832-1915)

· · ·

1. 인애하신 구세주여 내가 비오니
   죄인 오라 하실 때에 날 부르소서.
   (후렴) 주여 주여 내가 비오니
   죄인 오라 하실 때에 날 부르소서.

2. 자비하신 보좌 앞에 꿇어 엎드려
   자복하고 회개하니 믿음 주소서.

3. 주의 공로 의지하여 주께 가오니
   상한 맘을 고치시고 구원하소서.

4. 만복 근원 우리 주여 위로하소서
   우리 주와 같으신 이 어디 있을까.

15 불쌍한 눈먼 아이야

 패니 크로스비(Fanny Crosby)는 태어난 지 6주쯤 되었을 때 감기에 걸렸습니다. 뉴욕 퍼트넘 카운티의 의사는 감기로 눈이 부어 있는 아기에게 겨자 연고를 처방해 주었습니다. 잘못된 치료로 아기는 평생 볼 수 없는 시각장애인이 되었습니다. 설상가상으로 아버지마저 세상을 떠났습니다. 아무것도 모르는 아기는 태어나면서부터 불행한 인생이 시작되었습니다.

크로스비가 다섯 살이 되었을 때 이웃 사람들이 돈을 모아 밸런타인 모트 박사에게 보내주었습니다. 뉴욕의 유명한 외과의사 모트 박사는 어린 소녀의 눈을 진찰했습니다. 명의인 모트 박사도 크로스비의 잃어버린 시력을 회복시킬 수 없었습니다.

어린 크로스비는 진찰을 받은 후 의사선생님이 침울한 목소리로 "불쌍한 눈먼 아이야…"라고 부르는 소리를 들었습니다. 그때 의사의 동정 어린 목소리가 그녀의 마음에 평생토록 남았습니다. 다섯 살의 어린아이였지만 그 말을 들은 크로스비는 '나는 비록 볼 수는 없지만 아름다운 삶을 살 거야.'라고 다짐했습니다. 시력을 회복할 수 없다는 진단을 받고도 낙심하지 않고 기쁘게 살겠다고 다짐한 것입니다. 여덟 살이 된 크로스비는 세상을 볼 수 없지만 마음의 눈으로 하늘의 소망을 노래했습니다.

오, 난 얼마나 행복한 아이인가.
Oh, what a happy soul I am,

비록 내가 볼 수 없어도
Although I cannot see;

이 세상에서 나는 만족하리.
I am resolved that in this world contented I will be.

내가 얼마나 많은 복을 누리는지
How many blessings I enjoy,

다른 사람이 누리지 못하는 복을.
That other people don't;

눈이 멀었기에 울고 한숨짓는 일

To weep and sigh because I'm blind,
나에겐 있을 수 없으리.
I cannot, and I won't.

20년이 지난 후 크로스비는 시인으로 이름이 알려지기 시작했습니다. 24세 때는 시집 『눈먼 소녀와 시』(1844)를 출간했습니다. 크로스비는 뉴욕 맹아학교를 졸업한 후 모교에서 학생들을 가르치며 음악가 등 다양한 친구들을 사귀었습니다. 어느 날 교장이 자신의 비서가 크로스비가 읊는 시를 받아적는 모습을 보고 근무 시간을 낭비한다고 나무랐지만, 그들은 시 쓰기를 멈추지 않았습니다. 나중에 대통령 스테판 클리블랜드(Stephen Grover Cleveland)까지도 그녀를 백악관으로 초대해 시를 받아 적었습니다.

글재주가 뛰어난 크로스비는 44세까지 다양한 주제로 세속시를 썼습니다. 그러나 찬송 작곡가 윌리엄 브래드버리를 만나면서 그녀의 삶은 완전히 바뀌었습니다. 예배를 위한 찬송을 쓰는 데 재능을 사용하면 하나님이 기뻐하실 거라는 그의 권유가 하늘의 음성으로 들려온 것입니다.

그날 이후 크로스비는 단 한 편의 세속시도 쓰지 않았습니다. 수많은 작곡가들이 그녀의 가사에 곡을 붙였고, 그녀는 브래드버리에게만 2,500여 편의 찬송시를 건네주었습니다. 그녀가 지은 찬송은 8천여 편에 달했습니다. 우리나라 찬송가에도 크로스비가 지은 찬송이 무려 21곡이나 실려 있습니다.

크로스비는 어릴 적 "불쌍한 눈먼 아이야…"라는 음성을 기억하며, 결코 자신은 불쌍하다고 생각하지 않았습니다. 오히려 앞이 안 보여 아름다운 시에 집중할 수 있어서 실명된 눈을 복으로 여긴다고 했습니다. 그녀는 말했습니다. "만약 하나님이 시력을 돌려주신다 해도 거절하고 싶어요. 제가 눈을 뜨자마자 보고 싶은 건 천국에서 뵙는 예수님 얼굴이기 때문이죠."

이렇게 믿음을 지키며 살던 그녀에게도 사탄의 유혹이 있었습니다. 크로스비가 48세였을 때 많은 일들이 그녀를 괴롭혔습니다. 크로스비는 하나님께 무릎을 꿇었습니다. 하나님의 일을 하면서도 매 순간 주님 뜻대로 살지 못한 것을 깊이 뉘우쳤습니다. "인애하신 구세주여, 내가 비오니 죄인 오라 하실 때에 날 부르소서 … 날 부르소서…." 이것이 바로 "인애하신 구세주여"라는 찬송입니다.

찬송에 사용된 '내가 비오니' '날 부르소서' '꿇어 엎드려' '구원하소서' '위로하소서'라는 가사에는 간절함이 묻어납니다. 후렴에서 '주여, 주여'를 반복하여 부르는 것은 그저 부르는 것이 아니라 다급히 외치는 갈급한 절규입니다. 우리도 이처럼 주님을 불러야 합니다. 주님을 떠나서는 잠시도 살 수 없기 때문입니다. 우리는 긍휼을 베푸시는 주님 안에서 살 때 세상을 이길 수 있습니다.

내 주 되신 주를 참 사랑하고 새 315 · 통 512

작사_윌리엄 페더스톤(William Ralph Featherston, 1846-1873) 11)
작곡_아도니람 고든(Adoniram Judson Gordon, 1836-1895)

• • •

1. 내 주 되신 주를 참 사랑하고, 곧 그에게 죄를 다 고합니다.
   큰 은혜를 주신 내 예수시니, 이전보다 더욱 사랑합니다.

2. 주 날 사랑하사 구하시려고, 저 십자가 고난 당하셨도다.
   그 가시관 쓰신 내 주 뵈오니, 이전보다 더욱 사랑합니다.

3. 내 평생에 힘쓸 그 큰 의무는, 주 예수의 덕을 늘 기림이라.
   숨질 때에까지 내 할 말씀은, 이전보다 더욱 사랑합니다.

4. 그 영광의 나라 나 들어가서, 그 풍성한 은혜 늘 감사하리.
   금 면류관 쓰고 나 찬송할 말, 이전보다 더욱 사랑합니다.

16 열여섯 살 소년이 남긴 걸작

고든(Adoniram Gordon) 목사는 『런던 찬송가』(1864)를 뒤적거리며 찬송을 흥얼거리고 있었습니다. 책장을 넘기던 고든은 아름다운 찬송시를 발견했습니다. 작가의 이름은 없었습니다. 시에 붙여진 멜로디를 흥얼대던 그는 음악이 시를 망친다고 생각했습니다. 마틴 루터는 "음표가 가사를 살아 움직이게 해야 한다"고 했는데 말입니다.

미국 뉴햄프셔에서 태어난 고든은 27세에 뉴턴신학교를 졸업해 안수를 받고, 매사추세츠에서 사역을 시작했습니다. 6년 후에는 대도시 보스턴의 클라렌든 스트리트 침례교회로 옮겨 적극적으로 선교활동을 시작했습니다.

고든 목사는 특히 한국 최초의 침례교 선교사 말콤 펜윅(Malcolm Fenwick)에게 큰 영향을 주었습니다. 펜윅이 캐나다와 미국에 머물면서 한국에 돌아가기 위해 준비할 때, 펜윅에게 목사 안수를 하고 많은 가르침을 주었습니다. 고든 목사는 선교에 대한 열정도 남달랐습니다.

고든 목사는 일할 때 늘 콧노래를 흥얼거렸습니다. 그러다가 즉흥적으로 떠오른 멜로디가 마음에 들면 악보에 적어 두었습니다. 음악과 문학에 뛰어난 그는 찬송집 출판을 위해 자료를 모으려고 『런던 찬송가』를 뒤적거리고 있었습니다. 책장을 넘기던 그는 작가 미상으로 실린 "내 주 되신 주를 참 사랑하고"를 발견했고, 그 아름다운 가사를 망치고 있는 음악을 어찌할까 고민했습니다. 그러다 마침내 가사와 어울리는 새 곡을 작곡해냈습니다.

고든 목사가 죽은 후 그 아름다운 시의 작가가 밝혀졌습니다. 바로 윌리엄 페더스톤(William Featherston)이었습니다. 열여섯 살 된 캐나다 소년 페더스톤은 예수님을 영접하고 얼마 지나지 않아 이 시를 썼습니다. 바로 어제보다 오늘, 이전보다 지금 주님을 더욱 사랑한다는 때묻지 않은 고백이었습니다.

복음성가 가수 아이라 생키(Ira D. Sankey)는 이 찬송에 얽힌 이야기를 이렇게 전했습니다.12) 한 유명 여배우가 주택가를 걷고 있는데 현관문이 열려 있는 집이 보였습니다. 열린 문 안으로 보니, 한 병든 소녀가 소파에 누워 지나가는 사람들을 바라보고 있었습니다. 여배우는 소녀를 격려하고 싶은 마음이 들어 그 집으로 들어갔습니다. 소녀는 몸은 불구였지만 비장애인들에게 없는 아름다움과 평안이 있었습니다. 여배우는 크리스천인 소녀의 언행과 밝은 표정, 믿음직한 삶의 태도를 보며 큰 자극을 받았습니다. 그리고 자신의 삶을 돌아보며 예수님에 대해 깊이 생각하게 되었습니다.

얼마 지나지 않아 여배우는 예수님을 영접하게 되었습니다. 그녀는 배우라는 직업으로는 하나님이 원하시는 삶을 살 수 없다고 생각했습니다. 이전에는 세상의 명예와 욕심을 따라 살았지만 이제부터는 하나님을 위해 살겠다고 다짐했습니다. 그녀는 매니저인 아버지에게 배우생활을 그만두겠다고 말했습니다. 화가 난 아버지는 "네가 배우를 그만두면 사업과 가정이 파탄 난다"며 딸을 나무랐습니다. 그녀는 아버지의 마음을 이해하고 이미 잡혀 있는 공연까지만 하기로 마음먹었습니다.

공연 날이 되자 모든 것이 차질 없이 진행되고 있었습니다. 아버지는 딸이 돌아와서 준비하는 모습을 보니 기뻤습니다. 잠시 후 무대의 막이 올라가고 조명이 켜졌습니다. 여배우는 관중 앞으로 천천히 걸어 나왔습니다. 그런데 공연 계획에 없던 상황이 벌어졌습니다. 그녀는 환한 모습으로 얼마 전에 익힌 찬송을 불렀습니다. 바로 열여섯 살 소년 페더스톤이 지은 "내 주 되신 주를 참 사랑하고"였습니다.

> 내 주 되신 주를 참 사랑하고
> 곧 그에게 죄를 다 고합니다.
> 큰 은혜를 주신 내 예수시니
> 이전보다 더욱 사랑합니다.

찬송을 마친 후 그녀는 짧은 말로 마지막 인사를 대신했습니다. "저는 배우라는 화려한 직업을 자랑하며 나 자신과 명예를 위해 살았어요. 하지만 이제부터는 배우를 그만두고 날 위해 십자가 고난을 당하신 주님을 사랑하며 살겠어요." 주님을 믿은지 얼마 되지 않았지만 그녀의 중심에는 예수님이 자리잡고 있었습니다. 하나님은 나중 된 자를 먼저 되게도 하십니다. 찬송을 부른 그녀는 눈물이 맺힌 관중과 다시는 돌아오지 않을 화려한 무대를 뒤로하고 그 자리를 떠났습니다.

그녀의 영향으로 아버지도 예수님을 영접했고, 그들의 전도로 수많은 사람들이 하나님을 믿게 되었습니다. 이 이야기는 우리에게 질문을 던집니다. 당신은 이전보다 주님을 더욱 사랑합니까?

어머니의 넓은 사랑 새 579 · 통 304

작사_ 주요한(1900-1979)
작곡_ 구두회(1921-)

・・・

1. 어머니의 넓은 사랑 귀하고도 귀하다. 그 사랑이 언제든지 나를 감싸줍니다.
   내가 울 때 어머니는 주께 기도 드리고, 내가 기뻐 웃을 때에 찬송 부르십니다.
2. 아침저녁 읽으시던 어머니의 성경책, 손때 남은 구절마다 모습 본 듯합니다.
   믿는 자는 누구든지 영생함을 얻으리. 들려주신 귀한 말씀 이제 힘이 됩니다.
3. 홀로 누워 괴로울 때 헤매다가 지칠 때, 부르시던 찬송 소리 귀에 살아옵니다.
   반석에서 샘물 나고 황무지에 꽃피니, 예수님과 동행하면 두려울 것 없어라.
4. 온유하고 겸손하며 올바르고 굳세게, 어머니의 뜻 받들어 보람 있게 살리라.
   풍파 많은 세상에서 선한 싸움 싸우다, 생명 시내 흐르는 곳 길이 함께 살리라.

17 어머니의 사랑

"자녀들은 부모에게 순종하십시오. 이것이 주님을 믿는 사람으로서 옳게 행하는 일입니다. 십계명에도 '네 부모를 공경하라'고 하였습니다. 이것은 약속이 보장된 첫 계명입니다. 그 약속은 '네가 하는 일이 다 잘되고 이 땅에서 장수할 것이다'라는 것입니다."(엡 6:1-3, 쉬운성경).

이 땅에 사는 모든 사람들에게 부모는 마음의 고향입니다. 몇 년 전 상영된 영화 "엄마"는 어지럼증으로 차를 타지 못하는 늙은 어머니 이야기입니다. 막내딸의 결혼식에 참석하기 위해 전라도 해남에서 목포까지 이백리 길을 3박4일 동안 걸어가신 우리의 어머니입니다.

"너를 낳은 아비에게 청종하고, 네 늙은 어미를 경히 여기지 말지니라"(잠 23:22), "네 부모를 즐겁게 하며 너를 낳은 어미를 기쁘게 하라"(25절)고 성경은 말합니다. 자녀는 부모의 기쁨이 되어야 합니다. 하나님의 말씀을 거역하는 것이 아니라면 부모님 말씀에 순종해야 합니다.

시어머니의 기쁨이 된 룻은 젊은 나이에 남편을 잃고 홀로 된 시어머니를 모시고 살았습니다. 시어머니 나오미는 무엇 하나 해 줄 능력도 없고 희망도 사라져 룻에게 살길을 찾아 떠나라(룻 1:8)고 말했습니다. 그런데 룻은 오히려 시어머니와 함께 있기를 울면서 간청했습니다. "어머니께서 가시는 곳에 나도 가고, 어머니께서 머무시는 곳에서 나도 머물겠나이다"(룻 1:16). 룻은 시어머니를 공경하여 시어머니의 기쁨이 되었습니다. 당장은 룻에게 희망이 보이지 않고 아무런 기쁨이 없었지만, 결국에는 하나님의 은혜로 행복한 가정을 이루며 살게 되었습니다.

부모의 기쁨이 되기 위해 자녀는 어떻게 해야 합니까? 부모를 공경하되, 혹시 부모에게 허물이 있더라도 덮을 줄 알아야 합니다. 노아가 포도주를 마시고 취해 벌거벗고 잠들었을 때, 둘째 아들 함은 아버지의 허물을 두 형제에게 말했습니다. 그러나 셈과

야벳은 옷을 들고 뒷걸음질 쳐서 아버지의 허물을 덮어 아버지의 부끄러움을 감추었습니다.

이것은 부모를 존귀하게 여기고 높여야 하는 자녀의 도리입니다. 부모의 허물을 덮는 자녀는 복을 받습니다. 다시 말해, 부모를 업신여기고 함부로 대하는 자식은 하나님께 복을 받지 못합니다. 성경은 분명하게 말합니다. 부모는 자식들이 복을 받는 축복의 통로입니다(창 48:15-16).

하늘보다 높고 바다보다 넓은 것이 어머니의 사랑입니다. 어머니들은 자신은 못 입어도 자식에게는 철 따라 새 옷을 입힙니다. 공부해야 훌륭한 사람이 될 수 있다고 손발이 닳도록 일해 자식을 가르칩니다. 배탈이라도 나면 "엄마 손은 약손이다. 쑥쑥 내려가라." 노래하며 거칠지만 따뜻한 손으로 배를 어루만져줍니다. 잘못을 저질렀을 때는 사람 되라고 종아리를 때리며 흐르는 눈물을 감춥니다. 맛있는 음식이 있어도 자신은 좋아하지 않는다며 자식 입에 하나라도 더 넣어줍니다.

어머니는 자식에게 물심양면으로 희생한 최초의 사람입니다. 모든 것을 주고도 더 못 주어 아쉬워하는 한없는 사랑을 무엇으로 보답하겠습니까? 하늘을 두루마리 삼아도 모두 기록할 수 없는 것이 하나님의 사랑이라면, 그 사랑에 조금이나마 견주어 생각할 수 있는 것이 어버이의 사랑입니다.

어버이를 공경하는 것은 곧 하나님께 순종하는 것입니다. 하나님은 명령하십니다. "네 어미의 법을 떠나지 말라"(잠 1:8). 그리고 복 주실 것을 약속하십니다. "네 아버지와 어머니를 공경하라. 이것은 약속이 있는 첫 계명이니 이로써 네가 잘되고 땅에서 장수하리라"(엡 6:2-3).

찬송 "어머니의 넓은 사랑"은 자식이 기뻐할 때 웃어주고 슬퍼할 때 기도하는 어머니를 떠올리게 합니다. 어머니의 손때 묻은 성경을 보며, 성경 말씀을 들려주시던 어머니의 모습을 생각나게 합니다. 믿음의 어머니는 "믿는 자는 누구든지 영생함을 얻으리"(요 3:16)라는 믿음의 유산을 남겨줍니다.

이 찬송은 어려운 일이 닥칠 때마다 찬송을 부르며 힘을 얻곤 하던 어머니를 기억하며, 주님과 동행할 것을 다짐하게 합니다.

"어머니! 어머니의 믿음을 본받아 하나님이 기뻐하시는 삶을 살겠습니다. 천국 가는 날까지 선한 싸움에서 잘 싸워 승리하겠습니다."

비바람이 칠 때와 새 388 · 통 441

작사_ 찰스 웨슬리(Charles Wesley, 1707-1788)
작곡_ 시메온 마쉬(Simeon Butler Marsh, 1798-1875)[13]

• • •

1. 비바람이 칠 때와 물결 높이 일 때에, 사랑 많은 우리 주 나를 품어 주소서.
   풍파 지나가도록 나를 숨겨 주시고, 안식 얻는 곳으로 주여 인도하소서.

2. 나의 영혼 피할 데 예수밖에 없으니, 혼자 있게 마시고 위로하여 주소서.
   구주 의지하옵고 도와주심 비오니, 할 수 없는 죄인을 주여 보호하소서.

3. 전능하신 예수께 나의 소원 있으니, 병든 자와 맹인을 고쳐 주심 빕니다.
   나에게는 죄악이 가득하게 찼으나, 예수께는 진리와 은혜 충만하도다.

4. 나의 죄를 사하는 주의 은혜 크도다. 생명수로 고치사 나를 성케 하소서.
   생명수는 예수니 마시게 하시옵고, 샘물처럼 내 맘에 솟아나게 하소서.

18 멈추지 않고 찬송을 쓰다

1788년 3월 29일 따스한 봄날이었습니다. 80세의 찰스 웨슬리(Charles Wesley)는 런던의 시티 로드 채플에서 마지막 설교를 마쳤습니다. 그의 임종이 가까워 왔고, 친구 29명이 마지막을 함께하기 위해 찾아왔습니다. 지인들에게 둘러싸인 찰스 웨슬리는 시편 한 구절을 읊었습니다. "내게 호흡이 있는 동안에 나를 만드신 분을 찬양하겠네…." 그러고는 늘 그랬듯 또 한 편의 찬송시를 쓰기 위해 펜을 찾았습니다. 누군가 펜과 종이를 가져왔지만 힘이 없어 펜을 잡을 수 없었습니다. 아내가 대신 쓸 준비를 하자 웨슬리는 들릴 듯 말 듯한 작은 소리로 읊조렸습니다. "늙고 연약한 중에도 나는 하나님을 찬양하리라." 그리고 곧 하나님의 부르심을 받았습니다.

웨슬리가 죽기 직전까지 보여준 것처럼 그의 삶은 하나님을 찬양하는 데만 초점이 맞추어져 있었습니다. 웨슬리는 결혼식 날에도, 여행 중에도, 한밤중에도, 생명의 위협을 느낄 때에도 찬송 쓰는 것을 멈추지 않았습니다.

비바람이 치던 어느 날, 웨슬리는 아일랜드의 평야에서 설교하고 있었습니다. 한창 설교하고 있는데 그가 가르치던 교리에 반대하는 무리가 그를 공격하려고 갑자기 들이닥쳤습니다. 웨슬리는 넓은 농장지대에 있는 한 집으로 재빨리 몸을 피했습니다. 농장주의 부인 제인 무어는 그를 우유보관소에 숨겨주었습니다.

가까스로 몸을 피한 웨슬리는 그를 찾고 있던 무리가 집에 쳐들어오는 소리를 들었습니다. 그들은 찰스 웨슬리를 내놓으라며 무어 부인에게 윽박질렀습니다. 무어 부인은 성난 그들에게 음료수를 대접하며 무슨 일인지 물었습니다. 웨슬리가 우유보관소에 숨어 있는 것이 발각되면, 당장 목에 칼이라도 들이댈 것만 같았습니다. 그 순간 웨슬리는 천국을 떠올렸습니다. 하나님의 의를 위해 박해받은 자는 천국의 복이 있다는 말씀(마 5:10)이 떠오른 것입니다. 그러자 금방이라도 터질 것 같던 심장이 차분해졌습니다. 웨슬리는 조용히 기도했습니다. 그리고 그 순간을 글로 써내려 갔습니다. 극도로 불안했지만 그것은 주님을 의지하는 살아있는 간증이었습니다. 이것이 찬송 "비바람이 칠 때와"입니다.

    비바람이 칠 때와 물결 높이 일 때에
    사랑 많은 우리 주 나를 품어주소서.
    풍파 지나가도록 나를 숨겨 주시고
    안식 얻는 곳으로 주여 인도하소서.

  인생을 살다 보면 사고와 질병, 죄의 유혹, 경제적 어려움 등 여러 문제들을 만나게 됩니다. 영원한 생명수의 근원이신 주님만이 그 풍랑을 잠재울 수 있고, 그 풍랑으로 우리를 올바르게 가르치십니다. 한국 교계의 지도자 고 김정준 목사는 이렇게 고백했습니다.

    나는 주님의 것이외다!
    내가 주님의 것이 되고자 원하기 전에
    주님은 나를 주님의 것이라 말씀했나이다.

    내 부모 형제에게서 선함이 없고
    나 자신에게서 아무 의로움이 없지만

그저 주님은 나를 주님 것이라 말씀하나이다.
내 과거나 현재도 죄뿐이요
또 내 미래도 거룩한 보증을 할 수 없건만
그저 주님은 나를 주님 것이라 말씀하나이다.

주님이 이것을 주님의 소유물로 하셨어도
천지나 역사에 털끝만한 변함이 없겠지만
주님은 그저 주님 것이라 말씀하나이다.

이것을 주님의 소유로 하시오면
주님이 이것 위해 마음 쓰시기 괴로우실 텐데
그래도 주님의 것이라 하시나이다.

주님은 나를 주의 것이라 하시지만
이것은 또 몇 번이나 주님을 반역할지 모르겠는데
그래도 주님은 주의 것이라 말씀하나이다.

다만 주님이 "너는 내 것이라" 하심으로 인하여
이것은 주님의 것이옵니다.

빛나고 높은 보좌와 새 27 · 통 27

작사 _ 새뮤얼 스테넷(Samuel Stennett, 1727-1795)
작곡 _ 토머스 헤이스팅스(Thomas Hastings, 1784-1872)

• • •

1. 빛나고 높은 보좌와 그 위에 앉으신
   주 예수 얼굴 영광이 해같이 빛나네.
2. 지극히 높은 위엄과 한없는 자비를
   뭇 천사 소리 합하여 늘 찬송드리네.
3. 영 죽을 나를 살리려 그 영광 떠나서
   그 부끄러운 십자가 날 위해 지셨네.
4. 나 이제 생명 있음은 주님의 은혜요
   저 사망 권세 이기니 큰 기쁨 넘치네.
5. 주님의 보좌 있는데 천한 몸 이르러
   그 영광 몸소 뵈올 때 내 기쁨 넘치리.

19 5대를 이어 목회한 가문

한 젊은 목사가 런던 리틀 와일드가 침례교회에서 10년간 부목사로 섬겼습니다. 31세가 된 그는 이제 막 담임목사로서 사역을 시작했습니다. 전 담임목사인 조셉 스테넷 2세(Joseph Stennett Ⅱ)가 세상을 떠나자, 교회는 지금까지 최선을 다해 온 젊은 부목사를 목회자로 청빙한 것입니다. 그가 바로 돌아가신 전 담임목사의 아들 새뮤얼 스테넷(Samuel Stennett)이었습니다. 젊은 새뮤얼 스테넷은 아버지만큼 좋은 사역자가 되어야 한다는 부담감을 안고 사역을 물려받았습니다.

새뮤얼의 아버지는 훌륭한 목회자였습니다. 새뮤얼의 할아버지 역시 잉글랜드에서 목사이자 찬송 작가로 이름을 남긴 분입니다. 증조할아버지도 유명한 사역자였습니다. 나중에는 그의 아들도 침례교 목사로서 목회를 이어갔습니다. 스테넷 가문은 5대에 걸쳐 목회자의 길을 걸었는데, 특이하게도 집안에 조셉이라는 이름이 아주 많았습니다.

더구나 그들은 대를 이어가며 찬송을 지어 하나님을 영화롭게 했습니다. 스테넷 가문은 대를 이어 하나님을 섬겼던 구약시대의 레위 지파를 떠오르게 합니다. 레위인들도 대를 이어 회막 앞에서 찬송하고(대상 6:31-32), 성별된 자로서 주야로 찬양하며(대상 9:33; 23:5), 노래로 여호와께 감사했습니다(대상 16:7-36).

새뮤얼 스테넷은 리틀 와일드가 침례교회의 강단에 선 지 5년 만에 영국 전역에 이름을 알렸습니다. 애버딘의 킹스 칼리지는 그에게 신학박사 학위를 수여했고, 교인이었던 박애주의자이자 사회개혁자 존 하워드(John Howard)는 그의 설교에 칭송을 쏟아냈습니다. 심지어 조지 3세 왕도 그의 열렬한 지지자였습니다.

이같이 그의 명성이 널리 퍼지자 큰 교회들은 그를 청빙하려고 애썼습니다. 그러나 리틀 와일드가 교회의 성도들이 그를 놓아주지 않았고, 스테넷 자신도 그 교회를 떠나지 않았습니다. 그곳이

첫사랑을 쏟아부은 목회지였기 때문입니다.

스테넷 목사는 68세로 세상을 떠날 때까지 37년 동안 리틀 와일드가 교회를 섬겼습니다. 그는 죽을 때까지 다른 강단에 서지 않고 오로지 리틀 와일드가 교회에서 하나님이 주신 소명을 불태웠습니다.

새뮤얼 스테넷 목사는 어느 날 아가 5장 10-16절을 읽고 큰 은혜를 받았습니다. 그는 사랑하는 여인에 대한 묘사를 읽으며 신랑 되신 예수님을 떠올렸습니다. 영감을 받은 그는 곧 "빛나고 높은 보좌와"(새 27)를 써내려갔습니다.[14] "빛나고 높은 보좌와 그 위에 앉으신, 주 예수 얼굴 영광이 해같이 빛나네." 예수님은 죄인을 위해 이 땅에 오셔서 멸시와 천대를 받으시고 피 값으로 우리를 구원하셨습니다. 우리를 먼저 사랑하신 예수님을 찬양할 수 있음이 얼마나 놀라운 특권입니까!

스테넷 목사 가문이 속해 있던 영국 침례교회는 다른 교단들보다 한참 늦게 회중찬송 부르기에 관심을 가졌습니다. 영국국교회와 장로교회가 시편가를 부를 것인가 찬송가를 부를 것인가 고민할 때, 침례교회는 찬송 선택의 문제가 아니라 찬송을 불러야 할 것인가 말아야 할 것인가를 놓고 열띤 공방을 계속했습니다.

새뮤얼 스테넷 목사의 할아버지인 조셉 스테넷(Joseph Stennett), 벤자민 키이치(Benjamin Keach) 그리고 존 번연(John Bunyan)은 침례교회의 회중찬송 부르기를 지지한 사람들입니다.

조셉 스테넷은 1697년 37곡으로 구성된 성찬식 찬송을 발행해 사용했습니다. 또 번연 목사가 쓴 『천로역정』 2부에 나오는 "용감히 살려는 자여"(개편 564)는 지금도 널리 불립니다. 호스라이다운에서 목회하던 키이치 목사는 1673년 교인들의 동의를 얻어, 마침내 성만찬을 할 때 찬송을 단 한 곡 부를 수 있었습니다. 그로부터 5년이 지나자 그는 추수감사주일에 찬송 부르는 것까지 교회와 합의했습니다. 그리고 1691년이 되어서야 그 교회는 주일마다 찬송을 부를 수 있게 되었습니다.

이처럼 옛날에는 찬송도 마음껏 부를 수 없었습니다. 찬송 부를 이유를 분명히 표현할 수 없던 때가 있었던 것입니다. 하나님을 사랑한 많은 사역자들의 헌신으로 우리는 언제든지 찬송을 부를 수 있게 되었습니다. 다채로운 세계를 지으신 하나님께 다채로운 찬송을 부를 수 있으니 얼마나 기쁜 일입니까! "보좌에 앉으신 이와 어린양에게 찬송과 존귀와 영광과 권능을 세세토록 돌릴지어다"(계 5:13).

내 너를 위하여 새 311 · 통 185

작사 _ 프란시스 하버잘(Frances Ridley Havergal, 1836-1879)
작곡 _ 필립 블리스(Philip Paul Bliss, 1838-1876)

* * *

1. 내 너를 위하여 몸 버려 피 흘려
   네 죄를 속하여 살길을 주었다.
   널 위해 몸을 주건만 너 무엇 주느냐.

2. 아버지 보좌와 그 영광 떠나서
   밤 같은 세상에 만백성 구하려
   내 몸을 희생했건만 너 무엇 하느냐.

3. 죄 중에 빠져서 영 죽을 인생을
   구하여 주려고 나 피를 흘렸다.
   네 죄를 대속했건만 너 무엇 하느냐.

4. 한없는 용서와 참사랑 가지고
   세상에 내려와 값없이 주었다.
   이것이 귀중하건만 너 무엇 주느냐.

20 불에 타지 않은 종이

몸이 아주 허약한 아가씨가 미술관에 앉아 있었습니다. 바로 22세 된 영국인 프란시스 하버잘(Frances Havergal)이었습니다. 하버잘은 아버지의 권유로 학교를 쉬며 여행 중이었는데, 친구 집을 방문하기 위해 독일 뒤셀도르프에 잠시 머물고 있었습니다.

미술관을 둘러보다 피곤을 느낀 하버잘은 우연히 십자가 상의 예수님을 그린 그림 앞에 앉아 쉬게 되었습니다. 그림에는 "보라 이 사람이로다"(ECCE HOMO: 에케 호모)라는 제목이 붙어 있었습니다. 이 말은 빌라도가 가시면류관을 쓰신 예수님을 가리켜 유대인들에게 한 말입니다(요 19:5). 그리고 그림 밑에는 "나는 널 위해 이 일을 행하였거늘 너는 날 위해 무엇을 하였느냐?"라는 글귀가 쓰여 있었습니다. 이 그림이 하버잘에게 던진 질문은 전에는 느낄 수 없던 큰 충격과 감동이었습니다.

그림을 통해 영감을 받은 하버잘은 떠오르는 대로 몇 줄의 시를 썼습니다. 그리고 그날 밤 숙소로 돌아와 낮에 쓴 시를 꺼내 곰곰이 읽어보았습니다. 몇 번을 되새겨도 미술관에서 느꼈던 감정이 생겨나지 않았습니다. 하버잘은 형편없는 시를 썼다고 생각하고 메모지를 구겨 벽난로 속으로 집어던졌습니다.

그 순간 그녀의 인생을 바꾼 사건이 일어났습니다. 별안간 굴뚝에서 바람이 거꾸로 불더니 시가 적힌 종이가 다시 벽난로 밖으로 튀어나온 것입니다. 시를 태워버리지 말라는 하나님의 음성이 들리는 것 같아 그녀는 재빠르게 종이를 집어 들었습니다. 공중에 나는 참새 한 마리도 하나님의 허락 없이는 땅에 떨어질 수 없듯, 이것 역시 분명한 하나님의 뜻이라고 믿으며 구겨진 종이를 폈습니다.

영국으로 돌아온 하버잘은 목회자이자 음악가인 아버지 윌리엄 하버잘 목사에게 기적같이 불에 타지 않은 시를 보여주었습니다

다. 아버지는 좋은 시라고 칭찬하며 4절까지 완성해 보라고 격려해 주었습니다. 찬송 "내 너를 위하여"는 이렇게 탄생했습니다.

이 찬송은 우리가 하나님께 올려드리는 내용이 아닙니다. 예수님이 직접 묻는 말씀을 우리 자신이 질문하고 동시에 답하는 독특한 구성의 찬송입니다. 각 절의 첫 문장은 예수님의 희생과 사랑을 표현합니다. 그리고 마지막 문장에서 예수님은 우리에게 강하게 물으십니다. 그러므로 이 찬송을 부르는 자에게는 주님의 엄격한 질문에 철저히 자신을 부정하고 비우는 것이 요구됩니다.

네게 내 몸을 주었건만
너는 내게 무엇을 주었느냐?(1절)

널 위해 모든 것을 희생했건만
너는 날 위해 무엇을 버렸느냐?(2절)

널 위해 모든 것을 견뎠건만
너는 날 위해 무엇을 참아냈느냐?(3절)

네게 귀중한 선물을 주었건만
너는 내게 무엇을 주었느냐?(4절)[15]

성경을 원문으로 읽을 만큼 언어에 재능이 뛰어난 하버갈은 이 시를 쓴 것을 계기로 수백 편의 찬송을 썼습니다. 그녀는 교회 예배에서 부를 찬송을 지으며 독창자와 피아노 반주자로 헌신했습니다.

하나님은 하버갈이 "내 너를 위하여"를 쓴 후로 21년 동안 그녀를 더 사용하시고, 43세에 하늘나라로 부르셨습니다. 몸이 몹시 쇠약해져 임종이 다가왔다고 의사가 말하자, 하버갈은 주님이 계신 천국과 가까워지니 참 기쁘다며 미소 지었습니다. 그녀는 천국을 간절히 사모하며 일생을 살았습니다.

미국의 복음찬송 작곡가 필립 블리스(Philip Bliss)가 작곡한 이 찬송의 곡명은 "케노시스"(KENOSIS)입니다. 케노시스는 헬라어로 '그리스도의 스스로 낮아지심'을 뜻합니다. "그는 근본 하나님의 본체시나 하나님과 동등됨을 취할 것으로 여기지 아니하시고 오히려 자기를 비워 종의 형체를 가지사 사람들과 같이 되셨고"(빌 2:6-7). 이같이 예수님은 모든 영광을 버리고 우리를 구원하기 위해 육신의 몸을 입고 이 세상에 오셨습니다. 죄 많은 우리가 죄 없는 예수님을 조롱하고 십자가에 못박았습니다. 죽음에서 부활하신 예수님은 오늘도 우리에게 물으십니다.

"나는 널 위해 이 일을 행하였거늘 너는 날 위해 무엇을 하였느냐?"

기쁘다 구주 오셨네 새 115 · 통 115

작사_아이작 와츠(Isaac Watts, 1674-1748)
작곡_조지 프레드릭 헨델(George Frideric Handel, 1685-1759)
편곡_로웰 메이슨(Lowell Mason, 1792-1872)

· · ·

1. 기쁘다 구주 오셨네, 만백성 맞으라. 온 교회여 다 일어나 다 찬양하여라 다 찬양하여라 다 찬양 찬양하여라.

2. 구세주 탄생했으니 다 찬양 하여라. 이 세상의 만물들아 다 화답하여라 다 화답하여라 다 화답 화답하여라.

3. 온 세상 죄를 사하려 주 예수 오셨네. 죄와 슬픔 몰아내고 다 구원하시네 다 구원하시네 다 구원 구원 하시네.

4. 은혜와 진리 되신 주 다 주관하시니, 만국 백성 구주 앞에 다 경배하여라 다 경배하여라 다 경배 경배하여라.

21 120년이 지나서야 빛을 본 찬송

이 곡을 쓴 아이작 와츠(Issac Watts) 목사는 150센티미터 키의 왜소한 체격이었습니다. 가발을 쓴 큰 머리와 매부리코는 매력 없는 외모에 험악함까지 더했습니다. 게다가 천연두 때문에 생긴 얼굴의 곰보는 보는 사람들에게 역겨운 기분마저 들게 했습니다. 외모는 추했지만 그의 삶의 초점은 언제나 하나님께 맞춰져 있었습니다.

"나는 왜, 무엇을 위해 사는가?" 그는 늘 자신에게 질문했습니다. 그리고 무엇보다 주님의 나라와 의를 구하는 삶을 살겠노라고 다짐했습니다. 하나님께서 이런 와츠 목사를 사용하셨습니다. 경험도 많지 않은 26세에, 볼품없는 외모에도 불구하고 런던에 있는 큰 교회인 마크 레인 교회를 담임하여 말씀을 선포하게 된 것입니다.

나이가 들어가면서 와츠 목사는 점점 쇠약해졌습니다. 그를 존경한 교인들은 그가 기력이 될 때만 강단에 서도록 배려했습니다. 그가 교회를 떠나지 못하도록 교인들이 붙잡을 정도로 그의 설교에는 복음의 능력이 있었습니다. 와츠 목사는 구약시대의 찬송이 아닌 예수 그리스도화 된 찬송을 만드는 데 열정을 쏟았습니다. 성경 66권이 모두 예수 그리스도를 가리키듯, 모든 찬송도 어떤 주제이든 본질적으로는 예수 그리스도를 가리켜야 한다고 주장한 것입니다.

1719년 45세 되던 해, 런던 외곽의 한 나무 아래서 와츠는 시편 98편을 바탕으로 시를 썼습니다. 그때 쓴 시가 예수님이 육신을 입고 오심을 표현한 "기쁘다 구주 오셨네"입니다. 그러나 아직 글만 있을 뿐 곡조는 붙여지지 않았습니다.

와츠가 "기쁘다 구주 오셨네"를 쓰고 출판한지 23년이 지난 1742년, 57세의 헨델은 런던에서 2주 동안 밤낮으로 하나님을 묵상하며 금식기도를 했습니다. 그리고 40일 만에 대작인 오라토리오 "메시아"를 작곡해냈습니다. 하나님의 은혜였습니다. 모두가 잘 아는 "할렐루야" 합창도 이 대작의 일부분입니다.

한 세기가 흘러 1839년, 미국의 로웰 메이슨(Lowell Mason)은 와츠의 시에 헨델의 "메시아" 일부분이 은근히 잘 어울린다는 느낌을 받아 두 작품을 합쳐보았습니다. 그렇게 메이슨이 와츠의 시에 헨델의 곡을 결합하여 찬송 "기쁘다 구주 오셨네"가 빛을 보게 되었습니다.16) 이 작품은 완성되기까지 120년이나 걸렸습니다.

1절의 '기쁘다 구주 오셨네. 만백성 맞으라.'는 온 세상이 구세주의 탄생을 찬양한다는 환희에 찬 기쁨을 노래합니다. "온 땅이여 여호와께 즐거이 소리칠지어다 소리 내어 즐겁게 노래하며 찬송할지어다"(시 98:4)를 의역한 것입니다. 2절은 구세주께서 이 땅에 오심을 찬양하는데, '이 세상의 만물들아 다 화답하여라'고 외치고 있습니다. 이 문장은 "여호와 앞에서 큰물은 박수할지어다 산악이 함께 즐겁게 노래할지어다"(시 98:8)에서 가져온 것입니다. 3절은 죄인을 구원하고 죄와 슬픔을 몰아내러 오신 주님을 찬양하고 있습니다. "그가 땅을 심판하러 임하실 것임이로다 그가 의로 세계를 판단하시며 공평으로 그의 백성을 심판하시리로다"(시 98:9)를 의역한 것입니다. 4절은 은혜와 진리 되신 주님을 찬양하며 경배할 것을 요구하고 있습니다. 예수님만이 경배를 받으시기에 합당한 분이기 때문입니다.

"기쁘다 구주 오셨네"는 가사와 곡조의 어울림이 아주 좋습니다. 첫 부분인 '기쁘다 구주 오셨네'가 의미하는 예수님이 세상에 내려오심은, 음악적으로 하행음계(도-시-라-솔-파-미-레-도)가 사용되었습니다. 작곡기법의 하나인 가사 장식(word-painting)이 사용된 것입니다.

음의 하행진행은 '육신의 옷을 입고 땅으로 내려오심, 성령의 임재하심, 하나님의 은혜가 내림' 등을 표현합니다. 반대로 상행진행은 '하늘에 오르심, 저 높은 곳을 향하여, 부활하심, 하나님께 올려드리는 예배자의 간구' 등을 표현합니다. 예를 들어, "주를 앙모하는 자"의 '올라가, 올라가, 독수리같이' 부분은 가사를 장식하기 위해 선율이 상행합니다. "저 높은 곳을 향하여" 역시 가사의 내용처럼 선율이 상행으로 진행하여 가사를 살아 움직이게 합니다. 하늘은 높은 음으로, 땅은 낮은 음으로 표현한 것입니다.

서로 아무 관련 없던 와츠의 시와 헨델의 음악은, 120년이 지나 메이슨의 편곡으로 가사 장식까지 절묘하게 가미된 찬송으로 태어났습니다. 이것은 어제나 오늘이나 동일하신 하나님의 경이로운 섭리입니다.

죄 짐 맡은 우리 구주 새 369 · 통 487

작사 _ 조셉 스크리븐(Joseph Medlicott Scriven, 1819-1886)
작곡 _ 찰스 컨버스(Charles Crozat Converse, 1832-1918)

· · ·

1. 죄 짐 맡은 우리 구주 어찌 좋은 친군지, 걱정 근심 무거운 짐 우리 주께 맡기세. 주께 고함 없는 고로 복을 받지 못하네. 사람들이 어찌하여 아뢸 줄을 모를까.

2. 시험 걱정 모든 괴롬 없는 사람 누군가. 부질없이 낙심 말고 기도 드려 아뢰세. 이런 진실하신 친구 찾아볼 수 있을까. 우리 약함 아시오니 어찌 아니 아뢸까.

3. 근심 걱정 무거운 짐 아니 진 자 누군가. 피난처는 우리 예수 주께 기도 드리세. 세상 친구 멸시하고 너를 조롱하여도. 예수 품에 안기어서 참된 위로 받겠네.

22 연속된 비극을 이겨내다

1886년 8월 10일, 캐나다 라이스 호수 지역의 주민들에게 먹구름 같은 슬픔이 들이닥쳤습니다. 존경받던 한 주민이 싸늘한 시체가 되어 호숫가에서 발견되었기 때문입니다. 그 남자의 이름은 조셉 스크리븐(Joseph Scriven)이었습니다. 66세인 그는 라이스 호 지역에서 40년 동안 살았습니다. 스크리븐은 한 곳에 머무르지 않고 친구들의 집을 이리저리 돌아다니며 살았습니다. 그런 그를 잘 알던 동네 사람들은 그의 죽음이 몹시 안타까웠습니다.[17]

아일랜드의 수도 더블린에서 태어난 스크리븐은 부유한 가정에서 자라났습니다. 그는 더블린의 트리니티대학을 졸업하고 어여쁜 아가씨와 약혼하여 행복한 날을 기대하고 있었습니다. 그런데 결혼식 바로 전날 약혼녀가 말에서 떨어져 물에 빠져 죽고 말았습니다. 싸늘한 주검으로 변해버린 신부를 확인한 스크리븐은 충격에 휩싸여 일상생활조차 해나갈 수 없었습니다.

현실을 받아들일 수 없었던 스크리븐은 지난 일들을 잊어보려고 캐나다로 긴 여행을 다녀왔습니다. 그리고 2년 후 그는 어머니를 남겨둔 채 고향을 떠나 멀리 캐나다 온타리오로 이주하여 새로운 삶을 시작했습니다. 환경이 바뀌었지만 지난 일은 쉽게 잊혀지지 않았습니다.

십여 년의 세월이 흐르면서 어느 정도 낯선 객지생활이 안정될 즈음, 전혀 기대하지도 않은 사랑이 찾아왔습니다. 그가 가정교사로 일하던 펜겔리 집안의 조카인 엘리자 로쉐와 약혼하게 된 것입니다. 그런데 불행하게도 그녀는 추운 날씨에 침례를 받은 후 폐렴이 악화되어 결혼을 며칠 앞두고 세상을 떠났습니다.[18] 상상할 수조차 없는 일이었습니다. 이제 그에게는 일어설 힘조차 남아 있지 않았습니다.

절망의 벼랑 끝에 서 있던 그때, 고향에 홀로 계신 어머니가 위독하다는 연락이 왔습니다. 청천벽력 같은 소식은 그의 마음에 감당할 수 없는 슬픔으로 밀려왔습니다. 멀리 떨어져 있어 갈 수 없었던 그는 어머니를 생각하며 하나님께 무릎을 꿇었습니다.

"하나님, 저는 사랑하는 약혼녀를 잃었습니다. 지금 저는 고독합니다. 그러나 더 외로우실 제 어머니의 친구가 되어주시고 어머니의 병을 고쳐주세요. 이제부터 저도 외로운 사람들의 친구가 되어 살겠습니다. 주님만을 위해 평생 살겠습니다."

간절히 기도 드릴 때 평강의 왕이신 하나님이 스크리븐에게 찾아오셨습니다. 말로 형언할 수 없는 평안이 그의 가슴속 깊은 곳에서 넘쳐흘렀습니다. 그는 자신의 아픔도, 어머니의 못 고칠 질병도 하나님이 친구가 되어주실 때 견딜 수 있음을 깨달았습니다. 스크리븐은 어머니를 위로하는 편지와 함께 한 편의 시를 써서 편지에 동봉했습니다. "죄의 짐을 맡아주신 주님은 우리의 좋은 친구십니다. 세상 사는 동안 시험과 걱정 그리고 괴로움이 없는 자가 어디 있겠습니까. 다정한 친구 되신 주님만이 우리를 위로하십니다." 이 찬송시가 바로 "죄 짐 맡은 우리 구주"입니다.

> 죄 짐 맡은 우리 구주 어찌 좋은 친군지,
> 걱정 근심 무거운 짐 우리 주께 맡기세.
> 주께 고함 없는 고로 복을 받지 못하네.
> 사람들이 어찌하여 아뢸 줄을 모를까.

연속되는 비극은 스크리븐의 삶의 방향을 완전히 바꾸어 놓았습니다. 최악의 환경을 이겨낸 스크리븐은 불우한 이웃을 도우며 살기 시작했습니다. 그는 심지어 자신보다 형편이 나은 사람에게도 옷을 벗어주었고, 도움이 필요한 자들과 고아들을 돌보러 찾아다녔습니다. 어려운 사람들의 땔감을 마련하기 위해 나무를 했고, 남편이 없는 미망인의 집을 수리해 주었습니다. 그는 돈을 지불할 수 있는 사람의 일은 맡지도 않았습니다. 그래서 사람들은 그를 괴짜라고 여겼습니다. 사람들은 덥수룩한 수염을 자를 생각도 안 하는 그를 '호프 항의 성자'라고 불렀습니다.

그가 쓴 "죄 짐 맡은 우리 구주"는 지역신문에 "쉬지 말고 기도하라"(Pray Without Ceasing)라는 제목으로 발표되면서 라이스 호 지역 사람들에게 친숙한 찬송이 되었습니다.

어느 날 몸이 아픈 스크리븐을 방문한 친구가 침대 옆에 놓인 "죄 짐 맡은 우리 구주"가 적힌 쪽지를 보았습니다. 친구는 이 유명한 찬송을 스크리븐이 지은 것이냐고 물었습니다. 스크리븐은 "주님과 내가 함께 지었네."(The Lord and I did it between us.)라고 대답했습니다.

스크리븐이 세상을 떠난 후 라이스 호 주민들은 그를 몹시 그리워했습니다. 그의 손길이 호프 항 지역의 쓸쓸한 사람들을 어루만져 왔기 때문입니다. 캐나다 라이스 호 지역 주민들은 평생을 그렇게 살아온 박애주의자 아일랜드 남자를 기억하며 기념비를 세웠습니다.

만 입이 내게 있으면 새 23 · 통 23

작사 _ 찰스 웨슬리(Charles Wesley, 1707-1788)
작곡 _ 칼 글래저(Carl Gotthelf Gläser, 1784-1829)

...

1. 만 입이 내게 있으면 그 입 다 가지고
   내 구주 주신 은총을 늘 찬송하겠네.

2. 내 은혜로신 하나님 날 도와주시고
   그 크신 영광 널리 펴 다 알게 하소서.

3. 내 주의 귀한 이름이 날 위로하시고
   이 귀에 음악 같으니 참 희락 되도다.

4. 내 죄의 권세 깨뜨려 그 결박 푸시고
   이 추한 맘을 피로써 곧 정케 하셨네.

23 웨슬리를 감동시킨 모라비아 교인

 1736년 1월, 존 웨슬리와 찰스 웨슬리를 태운 여객선은 영국을 떠나, 신대륙의 조지아와 사우스캐롤라이나 사이를 흐르는 사바나 강으로 향하고 있었습니다. 배에는 신대륙에 정착한 이주민들을 도우러 가는 웨슬리 형제와 독일 모라비아 교도 26명이 타고 있었습니다. 모라비아 교인들은 박해에서 벗어나 자유롭게 예배할 수 있는 아메리카 대륙을 찾아가고 있었던 것입니다.

 그런데 갑자기 폭풍이 휘몰아쳤습니다. 거센 바람은 순식간에 돛대를 두 동강 냈고, 바닷물은 갑판을 거칠게 두들겼습니다. 선실의 승객들은 비명을 지르며 이리저리 뛰어다녔습니다. 죽음의 공포가 모든 승객을 사로잡았지만, 모라비아 교도들은 그 와중에도 흐트러짐 없이 갑판 위에서 찬송을 불렀습니다. 그들의 평온함에 홀린 웨슬리 형제는 흔들리는 난간을 꼭 붙든 채 신기하게 그들을 쳐다보았습니다.

폭풍우가 멈추자 존 웨슬리가 그들에게 다가가 물었습니다. "조금 전 세차게 몰아친 폭풍우가 무섭지 않았습니까?" 그러자 한 모라비아 교인이 별일 없었다는 듯 "하나님이 함께하시잖아요."라고 대답했습니다.

선상의 경험은 웨슬리 형제의 삶을 완전히 바꾸어 놓았고, 나중에 그들이 하나님을 뜨겁게 경험하는 계기가 되었습니다. 그 후 웨슬리 형제는 감리교를 시작하여 영국에 영적부흥운동을 일으켰습니다. 그들은 광산과 학교, 거리, 목장을 가리지 않고 복음을 전하며 찬송을 불렀습니다. 하나님의 은혜에 이끌린 찰스 웨슬리는 모두 8,989편의 종교시를 지었습니다. 그중 6,500여 편이 찬송입니다. 하루에 한 편씩 써도 25년 동안 쉬지 않고 써야 하는 분량입니다.

그들은 누구든지 예수님을 믿으면 영생을 얻을 수 있다는 복음을 전하는 데 열정을 쏟았습니다. 그래서 찰스 웨슬리가 지은 찬송에는 '모두'와 '누구나' 같은 낱말이 자주 나옵니다.

찰스 웨슬리가 회심한 후 일 년쯤 됐을 때, 모라비아교 지도자 피터 뵐러(Peter Böhler)가 "나에게 천 개의 혀가 있다면, 그 모두를 가지고 하나님을 찬양할 것입니다."라고 말한 것이 떠올랐습니다. 이 말은 웨슬리의 영혼을 마구 두드렸습니다. 그때 쓴 찬송이 바로 "만 입이 내게 있으면"입니다.

찬송 부르기에 대한 존 웨슬리의 7가지 조언 [19)]

1. 다른 노래를 배우기 전에 먼저 이 노래들을 배워라.

우리는 성경과 찬송가를 가지고 다닌다. 당신이 가지고 있는 찬송가를 얼마나 자주 사용하는가? 찬송가에는 주옥 같은 찬송이 많이 있다.

2. 악보대로 노래하라.

어느 교회에서 다함께 "내 주는 강한 성이요"를 부르는데, 인도자가 '스타카토' 창법으로 짧고 힘차게 불러 감동이 되었다. 이어서 "샤론의 꽃 예수"를 부르는데, 조금 전에 느꼈던 감동이 확 사라져버렸다. 그는 모든 곡에 '스타카토'를 붙여 부르고 있었다.

3. 모든 절을 노래하라.

"내 주는 강한 성이요"(새 585)를 1절만 부른다면 "옛 원수 마귀는 이때도 힘을 써 모략과 권세로 무기를 삼으니 천하에 누가 당하랴"라고 하여 마귀를 이길 수 없다는 고백이 되고 만다. 이 경우 1절과 2절의 내용이 연결되어 있으므로 모든 절을 노래해야 한다. "전능왕 오셔서"(새 10)는 어떤가? 1절은 성부, 2절은 성자, 3절은 성령 그리고 4절은 삼위일체 하나님을 찬양한다.

4. 열정적이고 힘차게 노래하라.

회중찬송을 부를 때 자신이 좋아하는 스타일의 곡이 아니더라도 열정적으로 노래하라. 찬양은 하나님께 드리는 경배다.

5. 겸손한 마음으로 노래하라.

이따금 소리의 균형을 깨는 사람들이 있다. 타인을 생각하지 않고 자신의 소리만을 크게 자랑하면 아름다운 조화를 이룰 수 없다. 주님을 닮아가는 겸손한 마음으로 찬송을 불러야 한다.

6. 빠르기에 맞추어 노래하라.

일반적으로 회중이 노래할 때는 점점 느려져 나중에는 힘이 빠지게 된다. 그러므로 조금 빠른 느낌으로 찬양하는 것이 도움이 된다. 특히 6/8박자인 경우 더욱 신경을 써야 한다.

7. 무엇보다도 영적으로 노래하라.

찬송은 단순히 예술을 즐기기 위해 부르는 것이 아니다. 찬송의 목적은 하나님을 경배하는 것이므로 영으로 노래해야 한다.

주 날개 밑 내가 편안히 쉬네 새 419・통 478

작사_ 윌리엄 쿠싱(William Orcutt Cushing, 1823-1902)
작곡_ 아이라 생키(Ira David Sankey, 1840-1908)

・・・

1. 주 날개 밑 내가 편안히 쉬네, 밤 깊고 비바람 불어쳐도
   아버지께서 날 지켜 주시니, 거기서 편안히 쉬리로다.
   (후렴) 주 날개 밑 평안하다, 그 사랑 끊을 자 뉘뇨.
   주 날개 밑 내 쉬는 영혼, 영원히 거기서 살리.

2. 주 날개 밑 나의 피난처 되니, 거기서 쉬기를 원하노라.
   세상이 나를 위로치 못하나, 거기서 평화를 누리리라.

3. 주 날개 밑 참된 기쁨이 있네, 고달픈 세상길 가는 동안
   나 거기 숨어 돌보심을 받고, 영원한 안식을 얻으리라.

24 아내와 목소리를 잃고 모든 것을 얻다

　윌리엄 쿠싱(William Cushing)은 미국 메사추세츠의 힝햄에서 태어나 그곳에서 자랐습니다. 그의 부모는 예수님의 신성을 인정하지 않는 유니테리언(Unitarian) 신자였지만, 쿠싱은 나중에 신학을 공부한 후 그리스도의 교회에서 안수를 받았습니다. 그리고 뉴욕에서 조금 떨어진 시어스버그에 있는 교회에 부임했습니다.
　첫 사역을 시작한 쿠싱 목사는 그곳에서 헤나 프로퍼라는 아리

따운 아가씨를 만나 결혼했습니다. 그리고 얼마 후 더 큰 사역을 펼치기 위해 뉴욕 브루클린으로 목회지를 옮겼습니다. 모든 일이 순조롭게 진행되어 가고 있었습니다.

1864년 결혼한 지 10년이 되던 해에 예기치 못한 일이 터졌습니다. 사랑하는 아내가 이름 모를 병에 걸려 시름시름 앓기 시작한 것입니다. 좀처럼 나아질 기색은 보이지 않고 아내의 몸은 점점 쇠약해졌습니다. 처음에는 별 것 아니라고 생각했지만 날이 갈수록 쿠싱 목사의 마음은 불안해졌습니다.

힘든 내색 한번 하지 않고 넉넉지 못한 생활과 사역을 뒷바라지 하느라 아내의 몸과 마음이 지칠 대로 지쳤던 것입니다. 가난하고 어려운 목회생활로 마음 한번 편하게 살아보지 못한 아내를 생각하니 마음이 아팠습니다. 쿠싱 목사는 고심 끝에 아내를 위해 사역지를 다시 옮기기로 마음먹었습니다. 첫 목회와 첫사랑이 꽃피었던 시어스버그로 돌아가면 아내가 금방 좋아질 것만 같았습니다. 때마침 쿠싱 목사를 청빙하는 교회가 있어서 그곳으로 거처를 옮겼습니다. 그러나 불행히도 몇 년 지나지 않아 아내는 세상을 떠났습니다.

비극은 거기서 멈추지 않았습니다. 쿠싱 목사는 목회하며 아내를 돌보느라 오랫동안 누적되어 온 피로 때문에 감기에 자주 걸렸는데, 그로 인한 쉰목소리가 좀처럼 낫지 않았습니다. 급기야 성대가 심하게 손상되어 말을 전혀 못하고 필담을 나누어야 할

지경까지 이르렀습니다. 말씀 전하는 것이 사명인 목사에게 이것은 치명타였습니다. 쿠싱 목사는 이루 말할 수 없는 안타까움을 안은 채 강단을 떠날 수밖에 없었습니다.

아내를 잃고 목소리까지 잃은 그에게 그 무엇도 위로가 되지 않았습니다. 쿠싱 목사는 생명을 포기하고 싶을 정도로 낙심이 컸습니다. "주님, 주님의 뜻은 어디에 있습니까? 저를 이 땅에 태어나게 하신 이유가 있기나 한 것입니까? 사랑하는 아내도 데려가셨으니 제 목숨도 거두어주십시오. 말도 못하는 이 육신을 데려가 주십시오."

모든 것을 포기하고 절망 가운데 있던 어느 날, 완악해진 그에게 하나님께서 찾아오셨습니다. "너는 내 것이다. 말 못하는 입술도, 병든 네 몸도 모두 내 것이다." 하나님의 음성에 그의 마음이 녹아들었습니다. 그때 쿠싱은 "사랑하는 주님, 건강한 몸으로는 주님께 충성하지 못했지만 이제 병든 몸으로나마 충성하고자 하오니, 당신을 위해 제가 할 일을 말씀해 주옵소서."라며 하나님께 무릎을 꿇었습니다. 주님께서 그의 영혼을 어루만져주실 때 주님에 대한 첫사랑이 회복되고 온전히 주님만을 의지하게 된 것입니다. 그는 명예, 재물, 사역, 건강 그리고 생명까지도 내려놓았습니다. 그저 하나님의 날개 아래 거함으로 만족하기를 원했습니다.

그는 하나님의 종으로 산다면서 완전히 주님의 날개 아래 거하지 못했던 지난 시간들을 철저히 회개했습니다. 그리고 글을 쓰기 시작했습니다. 찬송 "주 날개 밑 내가 편안히 쉬네"를 쓴 것입니다.

> 주 날개 밑 내가 편안히 쉬네.
> 밤 깊고 비바람 불어쳐도
> 아버지께서 날 지켜 주시니
> 거기서 편안히 쉬리로다.
> 주 날개 밑 평안하다. 그 사랑 끊을 자 뉘뇨.
> 주 날개 밑 내 쉬는 영혼, 영원히 거기서 살리.

이 찬송은 우리에게 어떤 위험이 닥치더라도 주님이 보호의 날개를 펴 감싸주신다고 고백하게 합니다. 정말로 하나님은 우리를 주님의 날개 아래 거하게 하시고 안전하게 보호하십니다. 그 누구도 그 날개 아래 있는 우리를 해할 수 없습니다. 다윗은 하나님만이 우리를 눈동자같이 지키시고 그분의 날개 아래 감춰 주신다고 고백합니다(시 17:8). 바로 지금이 주님의 날개 아래가 제공하는 안전함을 절실히 찾을 때입니다. 하나님의 날개 아래 거한다고 하면서 세상이 주는 기쁨에 더 크게 안심하고 있지는 않습니까?

전능왕 오셔서 새 10 · 통 34

작사 _ 미상
작곡 _ 펠리체 드 지아르디니(Felice de Giardini, 1716-1796)

. . .

1. 전능왕 오셔서 주 이름 찬송케 하옵소서.
   영광과 권능의 성부여 오셔서
   우리를 다스려 주옵소서.

2. 강생한 성자여 오셔서 기도를 들으소서.
   택하신 백성들 복 내려 주시고
   거룩한 마음을 주옵소서.

3. 위로의 주 성령 오셔서 큰 증거 주옵소서.
   전능한 주시여 각 사람 맘에서
   떠나지 마시고 계십소서.

4. 성삼위일체께 한없는 찬송을 드립니다.
   존귀한 주님을 영광 중 뵈옵고
   영원히 모시게 하옵소서.

25 세상의 왕 vs 전능의 왕

빅토리아 여왕 재위 60주년을 축하하기 위해 열린 잉글랜드의 '군사력 전시회'는 인류 역사상 아주 큰 행사로 알려집니다. 영국의 시인들은 여왕으로 가장 오래 군림한 78세의 빅토리아 여왕에게 시를 헌정하여 존경을 표했습니다. 여왕을 찬양하는 열정적이고 감상적인 시들이 많이 기고되었지만,《런던 타임스》는 영향력 있는 시인이자 소설가인 조셉 키플링(Joseph Rudyard Kipling, 영어권 작가로는 처음으로 1907년 노벨 문학상을 받음)이 공식적인 축하시를 써야 한다고 주장했습니다.[20]

키플링의 할아버지는 감리교 목사였습니다. 돈독한 신앙을 유산으로 받은 그가 하나님이 아닌 세상의 왕을 찬양한다는 것이 그의 신앙에 맞지 않았습니다. 그래서 온 나라가 '군사력 전시회'로 떠들썩할 때 그는 조용히 『용기 있는 지휘자』(*Captains Courageous*)이라는 소설을 쓰고 있었습니다.

기념제가 끝났지만 《런던 타임스》는 여전히 키플링의 축하시를 원했습니다. 거절하다 못한 그는 한 편의 시를 지었습니다. 곧 《런던 타임스》 1면에 사람들이 바라던 키플링의 "퇴장 찬송"(Recessional)이라는 시가 실렸습니다.

> 만군의 주 하나님이시여, 우리와 함께하소서.
> **Lord God of Hosts, be with us yet,**
> 우리가 주님을 잊지 않도록, 주님을 잊지 않도록….
> **Lest we forget, lest we forget ….**

그러나 여왕에 대해 한 마디도 언급하지 않은 그에게 사람들은 비난의 화살을 쏟아부었습니다. 비난을 넘어 국가적 분노로 번질 만큼 온 국민이 그에게 욕을 퍼부었습니다. 비난의 폭풍이 가라앉자 국민들은 멍해진 정신을 깨우는 그의 시를 다시 숙고하게 되었습니다.[21]

키플링은 도저히 세상의 왕을 찬양할 수 없었던 것입니다. 세상의 명예와 권력은 잠시 있다가 사라질 무가치한 것이므로 세상의 어떤 것도 찬양의 대상이 될 수 없습니다. 그는 하나님을 세상의 어떤 왕보다 위대한 만군의 주인이시며 전능의 왕으로 늘 기억하고 있었던 것입니다.

우리가 즐겨 부르는 찬송 "전능왕 오셔서"(새 10)의 작사자는 알려지지 않았습니다. 하지만 이 찬송의 작가는 키플링처럼 세상의 왕을 찬양하지 않고 위대하고 전능하신 왕을 찬양한 많은 시인들 중 한 명일 것입니다. 비록 이름을 밝히진 않았지만 찬송 작가는 세상의 왕을 경배하는 사람들을 보며, 영광 받으시기에 합당한 분은 오직 하나님 한 분이라고 말하고 있습니다.

"전능왕 오셔서"를 누가 썼는지는 아무도 모릅니다. 만약 이 작가가 자신의 작품에 서명했더라면, 키플링이 받은 것 같은 맹렬한 비난을 면치 못했을 것입니다. 왜냐하면 영국국가의 가사는 영국의 '여왕'을 찬양하고 있는데, 그 당시 영국국가 곡조에 맞추어 부른 "전능왕 오셔서"는 여왕 대신에 '전능의 왕'을 찬양하고 있기 때문입니다.

이 찬송의 작가는 세상의 그 누구도 그 무엇도 찬양 받을 만한 대상이 아님을 강조합니다. 광활한 우주 가운데 전지전능하신 삼위일체 하나님만이 영원무궁토록 영광 받으실 분임을 선포하며 그분께 영광을 돌리고 있습니다.

영광과 권능의 성부 하나님만이 전능왕이십니다.
구원의 성자 하나님만이 복의 근원이십니다.
위로의 성령 하나님만이 우리와 함께하십니다.
성삼위일체 하나님만이 모든 찬송과 영광을 받으소서.

곡은 런던에서 오케스트라 악장으로 활동하던 이탈리아 출신인 펠리체 드 지아르디니(Felice De Giardini)가 붙였습니다. 그는 이 익명의 시 "전능왕 오셔서"가 하도 장중하여 음악을 붙이고 싶었던 것입니다. 그래서 이 찬송 한 곡만을 작곡했습니다. 원래 이 찬송은 영국국가 곡조로 불렸지만, 그가 곡을 지은 후부터는 전 세계가 그의 곡조에 맞추어 부르고 있습니다.

이 찬송의 곡명 "이탈리아 찬송가"(ITALIAN HYMN)는 작곡자의 출신 국가 명칭에서 따왔습니다. 또 작곡자가 말년에 모스크바에서 오페라 지휘자로 활동했기에 "모스크바"(MOSCOW)를 곡명으로 사용하기도 합니다.

> **나 주를 멀리 떠났다** 새 273 · 통 331
>
> 작사 · 작곡 _ 윌리엄 커크패트릭(William James Kirkpatrick, 1838-1921)
>
> • • •
>
> 1. 나 주를 멀리 떠났다 이제 옵니다. 나 죄의 길에 시달려 주여 옵니다.
> (후렴) 나 이제 왔으니 내 집을 찾아, 주여 나를 받으사 맞아주소서.
> 2. 그 귀한 세월 보내고 이제 옵니다. 나 뉘우치는 눈물로 주여 옵니다.
> 3. 나 죄에 매여 고달파 이제 옵니다. 주 크신 사랑 받고자 주여 옵니다.
> 4. 이 병든 맘을 고치려 이제 옵니다. 큰 힘과 소망 바라고 주여 옵니다.
> 5. 나 바랄 것이 무언가 우리 주 예수, 날 위해 죽임 당하심 믿고 옵니다.

26 노래하다 살아 계신 하나님을 만나다

감리교인 윌리엄 커크패트릭(William Kirkpatrick)은 수많은 복음 전도 집회가 열리던 19세기 말 미국에서 찬양인도자로 활약했습니다. 그 당시 펜실베이니아 로우린스빌에서 열린 전도집회에서 있었던 일입니다.

음악책임자인 커크패트릭은 재능 있는 한 바리톤 가수 청년을 독창자로 세웠습니다. 청년의 목소리는 정말 대단했습니다. 매일 저녁 그의 노래를 들은 수많은 청중이 찬양 중에 거하시는 하나님을 체험하며 감동했습니다. 어떤 이는 눈물을 흘리며 회개하고, 어떤 이들은 두 손을 높이 들고 하나님을 찬양했습니다.

그런데 그 청년은 노래만 부르고 설교를 듣지 않은 채 나가버렸습니다. 이해할 수 없는 노릇이었습니다. 커크패트릭은 이상하다고 생각했지만 말 못할 사정이 있을 거라고 여겼습니다. 몇 차례 계속되는 그의 행동을 보며, 나중에야 이 청년이 구원받지 못했다는 것을 알게 되었습니다. 안타깝게도 청년은 그저 실력 있는 가수였을 뿐 크리스천이 아니었습니다.

커크패트릭은 청년을 안타깝게 생각했습니다. 돈을 벌기 위한 수단으로 노래한다고 생각하니 가엾기 짝이 없었습니다. 커크패트릭은 집 나간 방탕한 아들을 기다리는 아버지의 심정으로 그를 위해 기도하기 시작했습니다. 그는 청년이 하루빨리 하나님을 믿어, 그가 부르는 찬송이 진실한 고백이 되기를 간절히 기도했습니다. 청년을 생각하다 보니 커크패트릭 자신이 영적으로 방황했을 때가 떠올랐습니다. 커크패트릭은 자신이 주님을 영접했을 때를 떠올리며 가사를 썼습니다.

며칠 후 커크패트릭은 자신이 지은 가사에 곡조를 붙여 청년에게 건네주었습니다. "내가 하나님을 모르고 오랫동안 죄의 길을 헤매다가 돌아왔을 때, 그분은 날 용서해 주셨습니다. 하나님은 형제님이 주님께 오길 기다리고 계십니다." 청년은 곡조가 마음에 들었는지 한참 동안 악보를 보며 흥얼거렸습니다. 커크패트릭은 청년을 보며 말을 이어갔습니다. "형제님, 하나님은 형제님의 좋은 목소리보다 마음으로 부르는 찬양을 원하십니다. 이 찬송은 내가 형제님을 생각하며 지은 찬송입니다." 청년은 감사의 뜻을 전했습니다.

다음날 커크패트릭이 저녁 집회를 준비하려고 집회 장소에 들어섰을 때, 굵직한 바리톤 가수의 연습하는 노랫소리가 들려왔습니다. 그 다음날도 그 노래는 여전히 들렸습니다. 며칠 후 청년은 수많은 사람들이 모인 로우린스빌의 전도집회에서 악보도 없이 그 노래를 불렀습니다.

나 주를 멀리 떠났다 이제 옵니다.
나 죄의 길에 시달려 주여 옵니다.
나 이제 왔으니 내 집을 찾아
주여 나를 받으사 맞아주소서.

노래하는 청년의 모습은 아버지의 품이 그리워 집으로 돌아오는 탕자 같았습니다. 노래를 부르던 청년은 한없이 흐르는 눈물을 주체하지 못했습니다. 그러나 "주여 나를 받으사 맞아주소서"라는 노랫소리는 또렷했습니다. 그 모습을 보며 찬송을 듣던 사람들도 눈물을 훔치느라 고개를 들지 못했습니다. 여기저기서 "주여, 주여…" 하며 주님을 부르짖는 소리가 들렸습니다. 집회장 안은 삽시간에 눈물바다가 되었습니다.

찬송을 부르는 자와 듣는 자가 하나가 된 것입니다. 찬송 가사가 청년의 진심 어린 고백으로 우러나왔고, 회중은 그 현장을 목격하며 하나님의 은혜를 체험했습니다. 우리 같은 죄인을 끝까지 사랑하신 하나님의 은혜였습니다.

목사님은 설교를 마친 후 주님을 믿기로 결심한 자들을 제단 앞으로 초청했습니다. 많은 사람들이 제단 앞으로 걸어나와 하나님께 감사기도를 드렸습니다. 그날 밤 청년은 예수님을 구주로 영접했습니다.

청년이 집회 때마다 부른 "나 주를 멀리 떠났다"를 들으며 많은 사람들이 하나님께 돌아왔습니다. 이처럼 찬송의 주인이신 하나님은 찬송을 통해 영광받으시며 사람을 변화시키기도 하십니다. 하나님은 말씀뿐 아니라 찬송을 통해서도 구원의 역사를 이루십니다.

작곡가인 커크패트릭이 "나 주를 멀리 떠났다"를 작사한 것은 아주 특별한 경우였습니다. 이것은 분명 재능 있는 한 청년 성악가를 위한 하나님의 예비하심이었습니다. 커크패트릭은 오르간과 성악을 배웠지만 주로 작곡가로 활동했습니다. 그는 이 찬송을 비롯하여 "주 안에 있는 나에게"(새 370), "내 모든 소원 기도의 제목"(새 452), "너 예수께 조용히 나가"(새 539), "구주 예수 의지함이"(새 542) 등 주님께 의지하며 아뢰는 많은 찬송을 작곡했습니다.

나의 갈 길 다 가도록 새 384 · 통 434

작사_패니 크로스비(Fanny Jane Crosby, 1820-1915)
작곡_로버트 로우리(Robert Lowry, 1826-1899)

...

1. 나의 갈 길 다 가도록 예수 인도하시니, 내 주 안에 있는 긍휼 어찌 의심하리요. 믿음으로 사는 자는 하늘 위로 받겠네. 무슨 일을 만나든지 만사형통 하리라.

2. 나의 갈 길 다 가도록 예수 인도하시니, 어려운 일 당한 때도 족한 은혜 주시네. 나는 심히 고단하고 영혼 매우 갈하나, 나의 앞에 반석에서 샘물 나게 하시네.

3. 나의 갈 길 다 가도록 예수 인도하시니, 그의 사랑 어찌 큰지 말로 할 수 없도다. 성령 감화 받은 영혼 하늘나라 갈 때에, 영영 부를 나의 찬송 예수 인도하셨네.

27 5달러가 필요해요!

패니 크로스비는 생후 6주쯤 되었을 때 감기에 걸렸습니다. 의사는 감기 때문에 부어오른 눈을 눈병으로 착각하여, 매운 겨자로 만든 연고를 처방해 주었습니다. 그 일로 크로스비는 시력을 완전히 잃고 평생 어둠 속에서 살았습니다.

그러나 크로스비가 예수님을 영접했을 때 그녀의 삶은 전혀 다른 인생으로 바뀌었습니다. 비록 눈앞은 캄캄했으나 영혼의 빛 되신 주님과 동행하며 살게 된 것입니다. 크로스비는 95세까지 살면서 영혼의 눈으로 8천여 편의 찬송시를 쓰며 하나님을 기뻐하는 복된 삶을 살았습니다.

크로스비에게는 남다른 습관이 있었습니다. 어디를 가든지 성경과 미국 국기를 가지고 다녔습니다. 그리고 누구를 만나든지 항상 "당신의 영혼을 축복해요."라고 축복의 인사말을 건넸습니다. 또 무엇을 하든지 무릎 꿇고 기도한 후에 일을 시작했습니다. 하나님 없이는 아무것도 할 수 없다는 확고한 믿음 때문이었습니다.

한번은 크로스비가 작곡가 윌리엄 도언(William Doane)이 보낸 음악에 맞추어 시를 지으려 고심하고 있었습니다. 그런데 영감이 떠오르지 않았습니다. 왠지 느낌이 좋지 않다고 생각하고 있는데 "네가 기도하였느냐?"라는 음성이 들렸습니다. 크로스비는 즉시 무릎 꿇고 기도했습니다. 그러다 갑자기 일어섰습니다. 그러고는 옆에 있던 속기사가 받아 적기 어려울만큼 빠르게 시를 읊기 시작했습니다. 이처럼 그녀가 지은 찬송은 하나같이 기도 후에 주신 하나님의 응답이었습니다.

54세가 된 어느 날 크로스비는 하나님께 돈을 달라고 기도했습니다. 급히 5달러가 필요했는데 당장 구할 길이 없었습니다. 크로스비는 지금까지 해왔듯이 하나님 앞에 무릎을 꿇었습니다. 기도를 마치고 일어나 방안을 서성거리며 찬송을 쓰려고 하는데 초인종이 울렸습니다. 크로스비는 "당신의 영혼을 축복해요."라고 인사하며 찾아온 사람을 맞이했습니다. 자신을 그녀의 팬이라고 소개한 낯선 방문자와 잠시 대화를 나눈 후 헤어지면서 악수를 했는데, 그 낯선 사람이 크로스비의 손에 뭔가를 쥐어주었습니다. 정확히 5달러였습니다. 한 치의 오차도 없이 채워주시는 주님의 섬세한 손길이 느껴지는 순간, 크로스비는 영감이 떠올라 찬송을 읊조렸습니다. 이것이 바로 "나의 갈 길 다 가도록"입니다.

> 구주께서 나의 모든 길을 인도하시니
> 이밖에 무엇을 더 원하리.
> 그분께서 내 삶의 인도자 되시니
> 나 어찌 주님의 부드러운 은혜를 의심하리.
> 하늘의 평화와 신령한 위로가
> 주님 안에 믿음으로 이곳에 거하네.
> 무슨 일을 만나도 내가 아는 것은
> 예수님이 모든 것을 형통하게 하시네.(영문 직역)

중국 지하교회 왕명도 목사의 간증 찬송

중국 지하교회의 영적 아버지로 불리는 왕명도(1900~1991) 목사는 18세 때 이름 모를 질병으로 사경을 헤맨 적이 있습니다. 그는 하나님께서 살려주시면 일생을 바쳐 헌신하겠다고 서원했습니다. 그러고는 하나님의 은혜로 기적같이 병 고침을 받았습니다.

1949년 중국이 공산화 되자 중국 교회에 핍박이 닥쳐왔습니다. 중국 전역을 다니며 복음을 전하던 그는 공산당에 체포되어 모진 고문을 당하다 예수님을 모른다고 진술함으로써 풀려났습니다. 그러나 거짓 고백에 대한 양심의 가책으로 괴로운 나날을 보냈습니다. 55세의 왕명도 목사는 끝내 목에 팻말을 걸고 북경 정부청사 앞에서 눈물로 외쳤습니다. "저는 배반자 베드로와 같은 사람입니다. 예수님을 배신했습니다!" 그는 즉시 공산당원에 체포되어 19년간 감옥살이를 했습니다. 모진 고문을 당할 때면 십자가를 생각하며 참아냈습니다. 19년이라는 세월은 느리게 흘러갔고, 정부는 75세의 고령이 된 그를 감옥에서 죽지 않도록 풀어주었습니다. 왕명도 목사가 풀려났다는 소식을 들은 지하교회 교인들은 기뻐하며 하나님께 감사드렸습니다.

　그가 출감할 때 인도 출신 전도자이자 변증학자인 래비 재커라이어스(Ravi Zacharias)는 지독한 고난을 어떻게 이겨냈는지 물었습니다. 늙고 지친 왕명도 목사는 눈물이 가득 고인 채 찬송으로 답을 대신했습니다. "나의 갈 길 다 가도록 예수 인도하시니, 내 주 안에 있는 궁휼 어찌 의심하리요. 믿음으로 사는 자는 하늘 위로 받겠네. 무슨 일을 만나든지 만사형통하리라." 그리고 이렇게 고백했습니다. "저는 감옥에서 이 찬송을 한시도 잊지 않았습니다. 비록 감옥에 갇혀 있었지만, 주님이 인도하셔서 저는 늘 행복했습니다."

내 주는 강한 성이요 새 585 · 통 384

작사 · 작곡 _ 마틴 루터(Martin Luther, 1483-1546)
편곡 _ 요한 세바스찬 바흐(Johann Sebastian Bach, 1685-1750)

...

1. 내 주는 강한 성이요 방패와 병기 되시니.
   큰 환난에서 우리를 구하여 내시리로다.
   옛 원수 마귀는 이때도 힘을 써, 모략과 권세로
   무기를 삼으니 천하에 누가 당하랴.

2. 내 힘만 의지할 때는 패할 수밖에 없도다.
   힘있는 장수 나와서 날 대신하여 싸우네.
   이 장수 누군가, 주 예수 그리스도 만군의 주로다.
   당할 자 누구랴 반드시 이기리로다.

3. 이 땅에 마귀 들끓어 우리를 삼키려 하나,
   겁내지 말고 섰거라 진리로 이기리로다.
   친척과 재물과 명예와 생명을, 다 빼앗긴대도
   진리는 살아서 그 나라 영원하리라.

28 돈으로도 못 가는 하나님나라

 1517년 10월 31일, 가톨릭교회 사제이자 대학교수인 마틴 루터는 비텐베르크성당 정문에 가톨릭교회의 부패에 관한 95개 조항의 반박문을 붙였습니다. 이것은 종교개혁의 신호탄이 되었습니다. 그 당시 교회는 성직을 사고팔 정도로 부패해 있었습니다. 심지어 성 베드로 성당을 짓기 위해, 면죄부를 사면 연옥의 고통을 면할 수 있다며 시민들을 유혹했습니다. 돈이 헌금함에 들어

가는 순간 죄를 용서받고 천국에 가게 된다고 거짓말을 했던 것입니다. 돈으로 천국에 가고 행위로 구원받을 수 있다는 거짓에 매력을 느낀 사람들은 너도나도 돈주머니를 열었습니다. 이를 보고만 있을 수 없었던 젊은 사제 루터는 거룩한 분노를 느끼며 오직 진리를 위해 목숨을 걸기로 마음먹었습니다.

급기야 이단으로 몰린 루터는 황제 찰스 5세의 소환을 받아 법정에 서게 됩니다. 재판장은 입장을 철회하라고 회유했지만, 그는 또렷한 목소리로 외쳤습니다. "나는 교황이나 의회 앞에서도 내 신앙을 버릴 수 없소. 그들의 주장은 분명 잘못되었고 모순이 있소. 나는 하나님의 말씀을 의지하고 확신하므로 결코 내 입장을 철회하지 않을 것이오. 내게 다른 길은 없소. 하나님, 저를 도우소서!"

1529년 그의 친구들은 생명이 위험하니 의회에 출두하지 말라고 말렸지만, 루터는 의지를 굽히지 않았습니다. 격렬한 법정 싸움이 예상되는 보름스 의회가 열리기 전날, 루터는 하나님을 의지하는 자들에게 용기를 주기 위해 이렇게 고백했습니다. "내 주는 강한 성이요 방패와 병기 되시니, 큰 환난에서 우리를 구하여 내시리로다." 이것이 바로 찬송 "내 주는 강한 성이요"입니다. 이 찬송은 루터가 "하나님은 우리의 피난처시요 힘이시니, 환난 중에 만날 큰 도움이시라"(시 46:1)는 말씀을 의지하여 쓴 것입니다.

종교 개혁의 세 가지 캐치프레이즈

오직 믿음(Sola Fide)

성경은 "의인은 없나니 하나도 없으며"(롬 3:10), "사람이 의롭게 되는 것은 율법의 행위로 말미암음이 아니요 오직 예수 그리스도를 믿음으로 말미암는 줄 알므로"(갈 2:16)라고 분명히 말합니다. 그렇다면 성경의 다른 곳에서는 왜 행위를 강조할까요? 예수님을 정말로 믿는다면 구원의 기쁨으로 인해 행위가 우러나오기 때문입니다. 행위는 믿음이 있다는 증거입니다.

개신교는 루터의 당당한 이의 제기와 항의로 시작되었습니다. 우리가 프로테스탄트(Protestant, 항의자)라고 불리는 것은 이 때문입니다. 루터가 로마 가톨릭교회에 대항하는 것은 계란으로 바위 치기와 다름없었습니다. 그러나 루터와 개혁을 주장한 사람들은 '종교개혁 전투가'인 "내 주는 강한 성이요"를 부르며, 우리가 스스로 용서할 수 있음(self-righteousness, 자기 의)을 가르치는 거짓 종교와 맞서 싸웠습니다.

오직 은혜(Sola Gratia)

죄책감에 시달리던 30세의 루터는 로마에 있는 '빌라도의 계단'을 무릎으로 기어올랐습니다. 고통을 참고 계단을 기어오르면 죄를 용서받고 평화가 오리라 생각했던 것입니다. 꾸역꾸역 계단을 오르던 루터는, 구원은 행함으로 얻는 것이 아니라 하나님의 전적인 은혜이며 선물(엡 2:8-9)이라는 진리를 깨닫게 됩니다. 그 순간 루터는 자리를 박차고 일어나 기어오르던 계단을 걸어서 내려왔습니다.

복음과 거짓종교는 완전히 다릅니다. 거짓종교는 우리가 억지로 순종하면 하나님이 우리를 사랑하실 거라고 말합니다. 그러나 복음은 하나님이 우리를 먼저 사랑하셨기 때문에 우리가 감사함으로 순종할 수 있다고 말합니다. 거짓종교는 우리 자신을 교만(내가 종교의 법을 잘 지키기 때문에)이나 절망(내가 종교의 법을 지키기에는 끊임없이 부족하기 때문에)으로 이끕니다. 복음은 나를 위해, 내 안에서, 나를 통해, 나임에도 불구하고 베푸신 예수님의 은혜로 나를 겸손과 기쁨으로 이끕니다.

오직 말씀(Sola Scriptura)

"진리가 너희를 자유롭게 하리라"(요 8:32)고 예수님이 말씀하셨습니다. 루터는 진정한 자유를 원하면 성경을 읽어야 한다고 말했습니다. 그는 자국어인 독일어로 성경을 번역하고 찬송을 쓰는 데 13년을 보냈습니다. 루터는 성경으로 돌아가야 한다고 주장했습니다.

종교개혁은 초대교회의 신앙과 예배로 돌아가려는 운동입니다. 우리는 오직 믿음, 오직 은혜, 오직 말씀 안에 거할 때 영적 전쟁에서 승리할 수 있습니다.

주님의 뜻을 이루소서 새 425 · 통 217

작사_애들레이드 폴라드(Adelaide Addison Pollard, 1862-1934)
작곡_조지 스테빈스(George Coles Stebbins, 1846-1945)

* * *

1. 주님의 뜻을 이루소서, 고요한 중에 기다리니.
   진흙과 같은 날 빚으사 주님의 형상 만드소서.

2. 주님의 뜻을 이루소서, 주님 발 앞에 엎드리니.
   나의 맘속을 살피시사 눈보다 희게 하옵소서.

3. 주님의 뜻을 이루소서, 병들어 몸이 피곤할 때.
   권능의 손을 내게 펴사 강건케 하여 주옵소서.

4. 주님의 뜻을 이루소서, 온전히 나를 주장하사.
   주님과 함께 동행함을 만민이 알게 하옵소서.

29 진흙 같은 날 빚으소서

　애들레이드 폴라드(Adelaide Pollard)는 주님을 사랑하는 신실한 사람이었습니다. 그녀는 주님께 헌신하기 원했지만 몸이 허약해 어려움이 많았습니다. 하나님께 건강을 달라고 매달리며 주님의 뜻을 구하던 폴라드는, 선교사로 헌신하는 친구들에게서 현지 소식을 접하게 되었습니다. 당장 아프리카로 복음을 전하러 가야겠다고 생각한 폴라드는 아프리카 지역에 선교사로 가기로 결심했습니다.

몸이 조금 회복되자 아프리카 선교를 구체적으로 계획하고 모금활동에 들어갔습니다. 몇 달을 열심히 뛰었지만 선교자금은 좀처럼 마련되지 않았습니다. 하나님이 기뻐하시는 일이라 생각했는데 계획대로 되지 않자 도무지 하나님을 이해할 수 없었습니다. 폴라드는 선교계획을 접어야 했습니다.

어느 날 밤 폴라드는 작은 기도모임에 참석했습니다. 그녀는 선교에 대한 비전을 보여 달라고 간절히 기도했습니다. 모인 사람들이 돌아가며 기도할 때, 한 노파의 기도가 폴라드의 마음을 강하게 흔들어 놓았습니다. "주님 우리가 사는 동안 무슨 일을 당해도 좋으니, 주님이 원하시는 길로 인도하세요!" 노파는 우리의 삶에서 하나님의 뜻을 이루시라고 간절히 기도했습니다.

그날 밤 집에 늦게 돌아온 폴라드는 회개의 눈물을 흘렸습니다. 지금까지 주님의 뜻이 아니라 자기 뜻대로 간구해 온 것을 깨달았습니다. 예수님도 "내 원대로 마옵시고 아버지의 뜻대로 하옵소서"라고 기도하신 것이 떠오른 것입니다. 폴라드는 하나님을 주인으로 모신 것이 아니라, 자기가 주인이 되어 자신의 뜻을 따라줄 것을 주님께 강요했음을 철저히 회개했습니다. 그때 하나님이 성경 한 구절을 떠오르게 하셨습니다. 예레미야 18장 '토기장이 비유'에 관한 말씀이었습니다. "내가 토기장이의 집으로 내려가서 본즉 그가 녹로로 일을 하는데 진흙으로 만든 그릇이 토기장이의 손에서 터지매 그가 그것으로 자기 의견에 좋은 대로 다른 그릇을 만들더라"(렘 18:3-4). 계획은 우리가 세우지만 길을 인도하시는 분은 하나님입니다. 노파의 기도에 감동받은 폴라드는 주님을 묵상하며 글을 쓰기 시작했습니다. "주님의 뜻을 이루소서. 고요한 중에 기다리니, 진흙과 같은 날 빚으사, 주님의 형상 만드소서." 이 글이 바로 찬송 "주님의 뜻을 이루소서"입니다. 이 찬송은 자신의 전부를 내려놓겠다는 결심입니다. 병든 몸과 마음 그리고 영혼을 모두 하나님께 드리겠다는 다짐입니다. 그리고 자기 뜻을 뒤로하고 하나님께 철저히 순종하겠다는 결단입니다. 하나님 이외의 것에서 기쁨을 찾으려는 잘못된 계획을 내려놓고, 오직 예수님이 우리의 가장 큰 기쁨이 될 때, 우리는 주님의 뜻이 이루어짐을 즐거워할 수 있습니다. 일제시대 한국 교회의 자립과 토착화를 위해 신앙의 실천 운동에 매진한 이용도 목사는 예수님만이 가장 큰 기쁨임을 이렇게 고백했습니다.

예수님 외에 나를 알 사람이 어디 있으며
나를 긍휼히 여길 자가 어디 있습니까?

오직 예수님만이 나의 위로요,
나의 힘이요, 나의 기쁨입니다.
예수님이 나의 중심에 계심으로
눈물로 또는 노래로

우리의 삶을 향기롭고 빛나게 합니다.
예수님 계심에 먹어도 좋았고
굶주려도 슬픔이 없습니다.
남이 나를 칭찬한다 하여 흥이 날 것도 없고
욕한다 하여 그것이 나를 분하게도 못합니다.

다만 예수님이 계시어 만사가 은혜요 기쁨일 뿐입니다.
예수님이 안 계시면 모든 것이 저주요 슬픔일 것이니,
가난하든지 부요하든지 주님만 계시옵소서.
병들든지 성하든지 주님만 계시옵소서.
욕을 먹거나 칭찬을 듣거나 주님만 계시옵소서.
고생스럽거나 편안하거나 주님만 계시옵소서.
살든지 죽든지 주님만 제 안에 계시옵소서.

세상과 더불어 웃는 것보다
주님과 더불어 우는 생활이 더욱 행복합니다.
세상과 더불어 잘 먹는 것보다
주님과 더불어 굶고 주림이 오히려 영광입니다.
예수님 한 분을 얻어 나는 모든 것을 다 얻었사오니
주님은 나의 모든 것의 모든 것입니다.

큰 죄에 빠진 날 위해 　새 282 · 통 339

작사 _ **샬롯 엘리엇**(Charlotte Elliot, 1789-1871)
작곡 _ **윌리엄 브래드버리**(William Batchelder Bradbury, 1816-1868)

• • •

1. 큰 죄에 빠진 날 위해 주 보혈 흘려주시고,
   또 나를 오라 하시니 주께로 거저 갑니다.

2. 내 죄를 씻는 능력은 주 보혈밖에 없으니,
   정하게 되기 원하여 주께로 거저 갑니다.

3. 큰 죄악 씻기 원하나 내 힘이 항상 약하니,
   보혈의 공로 믿고서 주께로 거저 갑니다.

4. 내 죄가 심히 무거워 구하여 줄 이 없으니,
   내 의심 떨쳐 버리고 주께로 거저 갑니다.

5. 죄 용서하여 주시고 내 마음 위로하심을,
   나 항상 믿고 고마워 주께로 거저 갑니다.

6. 주 예수 베푼 사랑이 한없이 크고 넓으니,
   내 뜻을 모두 버리고 주께로 거저 갑니다.

30　내 모습 이대로

　프랑스의 시인이자 목회자 앙리 말랑(Henri Malan)이 영국 브라이튼에 있는 친구의 집을 찾아갔습니다. 절친한 친구인 성공회 신부 헨리 엘리엇의 몸이 불편한 여동생을 위로하기 위해 방문한 것입니다.

　친구의 동생 샬롯 엘리엇(Charlotte Elliot)은 어렸을 때는 밝은 성격과 믿음을 가진 예쁜 소녀였습니다. 그런데 30세쯤 되었을 때 병에 걸려 전신을 움직일 수 없는 장애인이 되자, 날이 갈수록 불평이 늘고 세상을 비관하기 시작했습니다. 성격은 날카로워졌고, 신앙을 부인하기에 이르렀습니다. 집 밖에는 나오지도 않고 방안에서 혼자 지냈으며, 식구들과 대화가 끊어진 지도 이미 오래였습니다. 그야말로 엘리엇은 외롭고 힘든 시간을 보내고 있었습니다.

이런 엘리엇에게 말랑 목사의 위로는 한 마디도 들리지 않았습니다. 모든 말이 허공에 메아리칠 뿐이었습니다. 그런데 말랑 목사가 시에 대해 이야기하자 그녀의 닫힌 마음이 조금씩 열리기 시작했습니다. 이때다 싶어 말랑 목사는 말을 계속 이어갔습니다. "엘리엇, 누구든지 아픔이 있지만 하나님은 견딜 수 있는 어려움을 주신단다. 그리고 고난에서 승리한 사람을 사용하시지. 지금의 네 모습 그대로를 하나님께 드리면 돼."

지금의 모습을 그대로 드리라는 말이 엘리엇의 마음을 두드렸습니다. 그때 그녀는 고개를 저으며 말했습니다. "몸조차 가눌 수 없고 마음도 삐뚤어진 믿음도 없는 나 같은 사람을 하나님이 어떻게 사용하신단 말이에요? 그럴 리 없어요!" 그러나 지푸라기라도 잡고 싶은 것이 그녀의 솔직한 심정이었습니다. 왠지 하나님은 자기처럼 못난 사람도 쓰실 거라는 생각이 들더니 눈물이 흐르기 시작했습니다.

엘리엇은 계속해서 흐르는 회개의 눈물을 그칠 수 없었습니다.

말랑 목사가 다녀간 후, 엘리엇은 죄에 빠져 허덕이는 자신을 사랑해 주시는 하나님을 목놓아 찬양했습니다. 밀려오는 기쁨을 무엇으로도 표현할 수 없었습니다. "그저 내 모습 이대로… 주님께 거저 갑니다." 그녀는 예수님의 보혈의 은혜로 지금 모습 그대로 주님께 갈 수 있다고 몇 번이고 되뇌었습니다.

엘리엇은 몸조차 제대로 가눌 수 없었지만, 하나님은 약한 자를 들어 강한 자를 부끄럽게 하실 수 있음을 깨달았습니다. 이 믿음의 고백이 바로 찬송 "큰 죄에 빠진 날 위해"입니다.[22]

원어 찬송의 가사는 모든 절의 첫 행과 마지막 행이 같습니다. '그저 내 모습 이대로'로 시작하여 '오, 하나님의 어린양이여 제가 갑니다'로 마칩니다. 이것은 날마다 하나님께 드리는 우리의 순수한 고백이 되어야 합니다. 우리는 모든 연약함을 하나님께 맡겨야 합니다.

그저 내 모습 이대로…
Just as I am …

오, 하나님의 어린양이여
O Lamb of God,

제가 갑니다. 제가 갑니다.
I come, I come.

20세기 유명한 부흥사인 빌리 그레이엄 목사는 이 찬송을 부르며 회심했다고 합니다. 그는 1934년에 노스캐롤라이나 샬롯에서 열린 부흥사 모르데카이 햄(Mordecai Hamm)이 인도하는 집회에 참석하여 지옥과 심판을 선포하는 메시지와 찬송 "큰 죄에 빠진 날 위해"를 듣고 주님을 영접하게 되었습니다. 이 찬송에서 받은 감동으로 빌리 그레이엄 목사는 집회를 인도할 때마다 청중에게 "지금 그대로 주님께 나오라"고 초청하며 이 찬송을 수없이 불렀습니다.

우리나라에 침례교를 전한 선교사 말콤 펜윅(Malcolm Fenwick)을 하나님이 처음 한반도로 부르셨을 때, 펜윅은 연약함을 내세워 몇 번이고 거절했습니다. 그러던 어느 날, 인도 지역 선교사인 로버트 와일더(Robert Wilder)가 사막에서 물을 구하다 갈증으로 죽어가는 사람들을 예화로 설교하는 것을 듣게 됩니다. 그 메시지를 들은 펜윅은 주님의 강한 부르심을 깨닫고 주님 뜻대로 살 것을 확고히 결심합니다. "내가 비록 정규교육과 신학교육을 받지 못했고 녹슬고 찌그러진 깡통 같지만, 생명의 물을 나르겠습니다." 마침내 그는 주님의 부르심에 순종하여 선교사로 첫발을 내딛습니다. 1889년 우리나라에 온 그는 죽어가는 수많은 영혼들에게 복음을 전했습니다.

영광 나라 천사들아 새 118 · 통 118

작사 _ 제임스 몽고메리(James Montgomery, 1771-1854)
작곡 _ 헨리 스마트(Henry Thomas Smart, 1813-1879)

• • •

1. 영광 나라 천사들아 땅 끝까지 날면서
   하나님을 찬양하고 구주 나심 전하라.
   (후렴) 경배하세 경배하세 나신 왕께 절하세.

2. 들에 있던 목자들이 밤에 양떼 지킬 때
   천사들이 나타나서 주의 나심 전했네.

3. 박사들도 기뻐하며 밝은 별을 따라가
   구주 예수 나신 것을 널리 증거하였네.

4. 성도들이 간절하게 주를 사모하다가
   영광 중에 나타나신 주의 얼굴 뵈었네.

5. 성도들아 찬양하라 성부 성자 성령께
   우리 모두 소리 높여 삼위일체 찬양해.

31 고아와 맹인이 쓴 찬송가

정처 없이 떠도는 고아의 한 손에는 옷가방이 쥐어져 있고, 다른 손에는 종이 두루마리가 들려 있었습니다. 제임스 몽고메리(James Montgomery)의 아버지는 모라비아 형제단의 목사로서 여섯 살 난 어린 몽고메리를 기숙사에 맡겨 놓고 서인도로 선교를 떠났습니다. 몽고메리가 아버지를 본 것은 그것이 마지막이었습니다. 그의 아버지는 서인도의 바바도스 섬에서 선교활동을 하다 순교했습니다.

청소년기를 홀로 외롭게 보내며 방황하던 몽고메리는 열네 살 때 학습부진으로 학교에서 퇴학당했습니다. 그 후 돈을 벌기 위해 닥치는 대로 일했습니다. 돈을 버는 일이 만만치 않자 자신이 좋아하는 시를 써서 팔기도 했습니다. 열여섯 살에는 영국의 여러 도시를 다니며 자신의 시를 파는 방랑시인이 되어 있었습니다.

시간이 흘러 셰필드 지역을 떠돌던 젊은 무명 시인 몽고메리는 〈셰필드 레지스터〉(Sheffield Register)라는 주간 신문사에서 일하게 되었습니다. 글을 쓰기도 하고 정리하며 신문을 출판하는 일이 그의 적성에 아주 잘 맞았습니다. 그런데 신문사 사장이 정치적인 사건에 연루되어 갑자기 미국으로 망명하게 되면서, 신문사의 모든 업무가 몽고메리에게 맡겨졌습니다. 그는 손에 잉크가 마를 날 없이 최선을 다해 일했습니다. 그렇게 성실한 신입사원 몽고메리에게 뜻밖의 행운이 찾아왔습니다. 그가 신문사의 공식 대표가 된 것입니다.

몽고메리는 신문 이름을 〈아이리스〉(Iris)로 바꾼 뒤, 영국에서 꽤 영향력이 있는 신문으로 성장시켰습니다. 그러나 많은 어려움이 뒤따랐습니다. 신문의 명성이 높아지자 시기와 질투의 대상이 된 것입니다. 그와 정치적 견해가 다른 정부의 고위 관리들은 신문 내용을 문제삼아 그를 두 번씩이나 교도소에 수감시켰습니다.

하지만 어떤 어려움도 몽고메리가 믿음을 저버리게 하지는 못했습니다. 부모 없이 가난에 찌든 삶을 살면서 그가 모진 역경을 이겨낼 수 있었던 것은, 부모에게서 물려받은 신앙의 유산 때문이었습니다. 초등학교에 갓 입학했을 때, 부모가 선교사역을 위해 멀리 떨어져 있어도 그는 자신을 위해 기도하는 부모님이 있다는 것을 잊지 않았습니다. 그는 커가면서 다짐했습니다. '엄마와 아빠가 하나님께 모든 것을 드린 것처럼 나도 내 재능으로 하나님을 경배하는 사람이 될 거야.'

고아였던 몽고메리는 이제 신문사 사장이 되어 자신의 시를 마음껏 출판할 수 있게 되었습니다. 꿈이 이루어진 것입니다. 그는 자신이 신문사 사장이 되리라고는 상상도 하지 못했습니다. 그러던 어느 날 무릎 꿇고 하나님을 경배하다가, 모든 죄인을 구하기 위해 이 세상에 오신 주님을 묵상하며 글을 쓰게 되었습니다. 그것이 바로 찬송 "영광 나라 천사들아"입니다.

영광 나라 천사들아 땅 끝까지 날면서
하나님을 찬양하고 구주 나심 전하라.
경배하세 경배하세 나신 왕께 절하세.

이 찬송은 1816년 크리스마스 이브에 그가 발간하는 〈아이리스〉에 처음 실렸습니다. 이 찬송의 특징은 후렴구인 "경배하세 경배하세 나신 왕께 절하세."에 있습니다. 세상의 어떤 왕도 경배의 대상이 될 수 없다는 것입니다.

예수님은 죄인을 구원하시기 위해 육신의 옷을 입고 이 땅에 오셨습니다. 죄인이 거듭나 하나님을 경배하게 하려고 오신 것입니다. 예수님은 말씀하십니다. "아버지께 참되게 예배하는 자들은 영과 진리로 예배할 때가 오나니 곧 이때라"(요 4:23). 우리는 예수님의 탄생을 기뻐할 수밖에 없습니다. 하나님이 아들을 이 땅에 보내어 우리가 영과 진리로 예배하도록 허락하셨기 때문입니다.

이 찬송의 곡조는 영국의 헨리 스마트(Henry Smart)가 붙였습니다. 이 찬송이 빛을 보게 된 데는 하나님의 놀라운 섭리가 있습니다. 작곡하느라 눈을 혹사시킨 스마트는 52세가 됐을 때 시력을 완전히 잃었습니다. 앞을 볼 수 없는 그에게 딸이 읽어주는 시 "영광 나라 천사들아"는 그에게 성탄의 기쁜 감격으로 다가왔습니다. 악보를 적을 수 없는 스마트는 찬송시를 들으며 한 음 한 음을 불러주었고, 옆에 있던 그의 딸이 음표를 받아 적었습니다.[23] 눈먼 작곡가는 이렇게 예수님의 탄생을 노래했습니다. 이 어찌 하나님의 놀라운 은혜가 아니겠습니까!

하나님의 크신 사랑 새 15 · 통 55

작사_ 찰스 웨슬리(Charles Wesley, 1707-1788)
작곡_ 존 준델(John Zundel, 1815-1882)

1. 하나님의 크신 사랑 하늘에서 내리사, 우리 맘에 항상 계셔 온전하게 하소서.
   우리 주는 자비하사 사랑 무한하시니, 두려워서 떠는 자를 구원하여 주소서.

2. 걱정 근심 많은 자를 성령 감화하시며, 복과 은혜 사랑 받아 평안하게 하소서.
   첨과 끝이 되신 주님 항상 인도하셔서, 마귀 유혹 받는 것을 속히 끊게 하소서.

3. 전능하신 아버지여 주의 능력 주시고, 우리 맘에 임하셔서 떠나가지 마소서.
   주께 영광 항상 돌려 천사처럼 섬기며, 주의 사랑 영영토록 찬송하게 하소서.

4. 우리들이 거듭나서 흠이 없게 하시고, 주의 크신 구원받아 온전하게 하소서.
   영광에서 영광으로 천국까지 이르러, 크신 사랑 감격하여 경배하게 하소서.

32 웨슬리의 어머니

수잔나 웨슬리(Susanna Wesley)는 19명의 자녀를 낳았습니다. 그중 아홉 명을 아주 어릴 때 잃었습니다. 그녀는 살아남은 열 자녀(3남 7녀)를 바르게 교육하려고 애썼습니다. 아이들이 아침에 일어나는 것부터 잠자리에 드는 것까지 철저한 계획에 따라 규칙적으로 생활하게 했습니다. 자녀들에게 처음 말을 가르칠 때는 주기도문을 따라하게 했고, 아이가 다섯 살이 되는 생일부터는 알파벳을 가르치기 시작하여, 처음으로 읽게 하는 문장은 창세기

1장 1절이었습니다. 어머니 수잔나는 말씀으로 하나님의 사랑과 은혜를 자녀들 마음속 깊이 새겨주었습니다. 천지를 지으신 창조주를 먼저 알게 하는 하나님 중심의 가정교육이었습니다.

그렇게 자란 존 웨슬리와 찰스 웨슬리에 의해 영국에 영적각성운동이 일어났습니다. 찰스 웨슬리는 수많은 찬송을 만들어 영국에 지대한 영향을 미쳤고, 존 웨슬리는 전례 없는 설교사역으로 영국을 새롭게 변화시켰습니다. 감리교를 만들어 영적부흥을 일으킨 것입니다. 영국에서 시작된 그들의 영향력은 곧 전 세계로 퍼져나갔습니다. 웨슬리 형제가 그러한 삶을 산 데는 어머니의 영향이 아주 컸습니다.

수잔나 웨슬리의 자녀양육 방법

- 항상 규칙적인 계획에 따라 생활하게 한다.
- 주기도문을 가르쳐 잠잘 때와 깰 때 외우게 한다.
- 성경구절과 교리문답을 외우게 한다.
- 가족 기도회에 참여하게 한다.
- 주일을 다른 날과 구분하여 지키게 한다.
- 존댓말을 쓰게 하고 속된 말을 못하게 한다.
- 큰 소리로 떠들거나 노래하는 것을 금한다.
- 매일 6시간 학습하게 한다.
- 글을 읽기까지는 아무것도 못하게 한다.

- 거짓말하는 것을 용서하지 않고 엄하게 다스린다.
- 잘못한 것을 정직하게 고백하면 용서한다.
- 잘못한 언행을 결코 그냥 지나치지 않는다.
- 잘한 일은 반드시 칭찬한다.
- 아무리 작은 것이라도 남의 것에 손대지 못하게 한다.
- 약속은 반드시 지키게 한다.
- 하나님의 이름을 망령되이 부르는 것을 금한다.
- 저주와 맹세와 무례한 말을 금한다.

찰스 웨슬리는 하나님을 찬양하는 8,989편의 종교시를 썼습니다. 그는 병들었을 때도, 감사할 때도, 슬플 때도, 기쁠 때도 하나님을 높이는 찬송시를 썼습니다.

웨슬리는 자신이 지은 가사처럼 살려고 노력했습니다. 잠자는 시간만 빼고 오로지 하나님을 찬양하는 일에 흠뻑 빠져 있었습니다. 길을 가다가도 심지어 결혼식을 올리는 중에도 찬송 쓰기를 멈추지 않았습니다. 그는 자신의 삶 전부를 온전히 하나님께 드렸습니다.

웨슬리의 삶이 그대로 묻어나는 찬송이 그가 지은 "하나님의 크신 사랑"(새 15)입니다. 그 당시에는 하나님의 사랑을 표현하는 찬송이 드물어 이 찬송은 처음부터 관심을 끌었습니다. 이것은 '성화의 경험을 통한 성도의 완성'이라는 웨슬리의 교리를 제시합니다.

　이 찬송은 예수님을 이 땅에 보내어 죄인을 구원하신 성부 하나님의 크신 사랑을 찬양하고 있습니다. 특히 성령의 감화를 간절히 구하는데, 자신이 체험하는 신앙을 갈구했던 것이 드러납니다. 처음과 끝이 되어 우리의 일생을 주관하시는 주님의 인도하심을 간절히 바라며, 주님이 주신 능력을 힘입어 영광과 경배 드리기를 소망하고 있습니다.

　웨슬리는 복음으로 가득찬 "만 입이 내게 있으면"(새 23), "오랫동안 기다리던"(새 105) 등의 찬송시를 썼습니다. 또 주관적 경험을 강조하여 회개, 신앙 강화, 영적 부흥의 찬송인 "웬일인가 내 형제여"(새 522), "천부여 의지 없어서"(새 280), "나 맡은 본분은"(새 595) 등을 남겼습니다. 한국 찬송가에는 그의 찬송이 13편 실려 있습니다.

　찬송 곡조는 존 준델(John Zundel)이 작곡했습니다. 독일에서 음악공부를 마친 준델은 러시아 상트페테르부르크에 가서 밴드마스터와 오르간 연주자로 7년 동안 일한 후, 32세에 미국으로 이주했습니다. 뉴욕에 정착한 그는 브루클린 플리머스회중교회의 헨리 비처(Henry Beecher) 목사를 도와 28년 동안 오르간 연주자로 섬겼습니다. 준델은 비처 목사를 존경하여 곡명을 "비처"(BEECHER)로 붙였습니다.

구주 예수 의지함이 새 542 · 통 340

작사_ 루이자 스테드 (Louisa M. R. Stead, 1850-1917)
작곡_ 윌리엄 커크패트릭 (William James Kirkpatrick, 1838-1921)

• • •

1. 구주 예수 의지함이 심히 기쁜 일일세.
영생 허락받았으니 의심 아주 없도다.
(후렴) 예수 예수 믿는 것은 받은 증거 많도다.
예수 예수 귀한 예수 믿음 더욱 주소서.

2. 구주 예수 의지함이 심히 기쁜 일일세.
주를 믿는 나의 마음 그의 피에 적시네.

3. 구주 예수 의지하여 죄악 벗어버리네.
안위받고 영생함을 주께 모두 얻었네.

4. 구주 예수 의지하여 구원함을 얻었네.
영원무궁 지나도록 주여 함께하소서.

33 남편을 잃고 주님만 의지하다

영국 도버에서 태어난 루이자 스테드(Louisa Stead)는 어렸을 때 예수님을 영접했습니다. 그녀는 건강이 좋지 않아 서원했던 선교사의 꿈을 포기했지만, 사랑하는 남편과 함께 예쁜 딸 릴리를 키우며 행복하게 살았습니다.

1879년 어느 휴일에 스테드 부부는 네 살 난 딸을 데리고 뉴욕 롱아일랜드의 바닷가로 휴양을 떠났습니다. 드넓게 펼쳐진 바다를 보며 세 식구가 일광욕을 즐기고 있는데 갑자기 살려달라는 비명소리가 들렸습니다. 주위를 살펴보니 한 소년이 물에 빠져 허우적거리고 있었습니다. 남편 스테드는 생각할 틈도 없이 소년을 구하기 위해 바닷물로 뛰어들었습니다. 파도가 무척이나 거셌습니다. 물에 빠진 사람이 흔히 그렇듯, 허우적거리던 소년은 스테드를 세게 끌어당겨 둘다 꼼짝도 못하게 되었습니다. 루이자와 어린 릴리는 발을 동동 구르며 바라볼 수밖에 없었습니다. 안타깝게 바라보던 가족들의 바람을 멀리하고 그들은 물 밖으로 나오지 못했습니다. 두 사람은 거친 파도에 휩쓸려 떠내려가고 말았습니다.

갑작스럽게 남편과 아빠를 잃은 루이자와 릴리 모녀는 무엇으로도 비통한 마음을 달랠 길이 없었습니다. 울부짖다 못해 모든 힘이 남김없이 빠졌을 때, 루이자는 하나님을 부르며 주저앉았습니다. "주님, 주님만이 저를 위로하실 수 있잖아요. 왜 내버려두시는 거예요?" 그때 하나님이 "나 외에 네게 기쁨이 될 수 있는 것은 아무것도 없다"고 말씀하시는 것 같았습니다.

루이자는 견딜 수 없이 비통한 가운데 진정한 기쁨을 주시는 사랑의 하나님을 더욱 꽉 붙잡았습니다. 남편을 잃은 슬픔은 말할 수 없는 고통이었지만, 그 고통에서 자신을 구해 주신 하나님의 사랑이 그녀를 다시 일어설 수 있게 했습니다. 하나님만을 의지하니 그녀에게 기쁨이 샘솟기 시작했습니다. 그녀는 이제 가족이나 친구, 물질이나 경험 그 무엇보다 하나님을 기뻐하기로 결심했습니다.

뼈저린 슬픔도 하나님의 선한 섭리로 알고 하늘의 소망을 바라보게 된 루이자는 하나님께 자신을 온전히 맡겼습니다. 그리고 찬송 "구주 예수 의지함이"를 써 내려갔습니다.

구주 예수 의지함이 심히 기쁜 일일세.
영생 허락받았으니 의심 아주 없도다.
예수 예수 믿는 것은 받은 증거 많도다.
예수 예수 귀한 예수 믿음 더욱 주소서.

이 일이 있은 후 루이자 스테드는 어릴 적 가졌던 선교사의 꿈을 이루었습니다. 1880년 아프리카로 들어가, 복음을 접할 기회조차 없이 살아가던 그곳 사람들을 15년 동안 섬겼습니다. 건강이 좋지 않아 미국으로 돌아온 그녀는 몸이 회복되자 다시 아프리카 남부지방, 현재의 짐바브웨 로디지아로 선교를 떠났습니다. 그녀는 아프리카 대륙에서 복음을 전하다, 1917년 1월 18일 하나님의 부르심을 받았습니다. 그리고 그녀가 사랑한 땅 짐바브웨의 펜크리지에 묻혔습니다. 그녀의 딸 릴리도 어머니처럼 복음이 들어가지 않은 곳에서 선교사로 헌신하는 삶을 살았습니다.

드와이트 무디 목사 역시 주님을 의지하며 가는 곳마다 복음을 전했습니다. 어느 날 한 청년이 무디 목사를 찾아와 무디 목사가 사용하는 성경책을 보고 싶다고 했습니다. 무디 목사는 자신이 가지고 다니는 성경을 보여주었습니다. 청년은 그의 성경을 보고 깜짝 놀랐습니다. 무척이나 바쁘게 살아가는 무디 목사인데 언제 그렇게 성경을 많이 보았는지, 여기저기 많은 글들이 복잡하게 적혀 있었습니다. 그중에 눈에 띄는 것이 알파벳 T와 P였습니다.

청년은 무디 목사에게 물었습니다. "목사님, 성경 여기저기에 셀 수도 없이 T, P가 쓰여 있는데 무슨 의미인가요?" 무디 목사는 "T는 Tried(실천해 보았다)의 뜻이고, P는 Proved(증명되었다)의 의미라네." 하고 대답했습니다. 한결같이 T 옆에는 P가 있었습니다. 즉, 살아 계신 하나님의 말씀은 진리이기에 그대로 실천하기만 하면 증명되었다는 것입니다.

바로 이것입니다. "하나님의 말씀은 살아 있고 활력이 있어 좌우에 날선 어떤 검보다도 예리하여 혼과 영과 및 관절과 골수를 찔러 쪼개기까지 하며 또 마음의 생각과 뜻을 판단하나니 지으신 것이 하나도 그 앞에 나타나지 않음이 없고 우리의 결산을 받으실 이의 눈앞에 만물이 벌거벗은 것 같이 드러나느니라"(히 4:12-13). 우리가 의지할 것은 영원히 변하지 않는 주님의 말씀뿐입니다. 주님의 말씀을 의지하는 것만이 우리에게 한없는 기쁨과 영생을 줍니다.

어서 돌아오오 새 527 · 통 317

작사 _ 전영택(1894-1968)
작곡 _ 박재훈(1922-)

• • •

1. 어서 돌아오오 어서 돌아만 오오.
   지은 죄가 아무리 무겁고 크기로
   주 어찌 못 담당하고 못 받으시리요.
   우리 주의 넓은 가슴은 하늘보다 넓고 넓어.

2. 어서 돌아오오 어서 돌아만 오오.
   우리 주는 날마다 기다리신다오.
   밤마다 문 열어 놓고 마음 졸이시며
   나간 자식 돌아오기만 밤새 기다리신다오.

3. 어서 돌아오오 어서 돌아만 오오.
   채찍 맞아 아파도 주님의 손으로
   때리시고 어루만져 위로해 주시는
   우리 주의 넓은 품으로 어서 돌아오오 어서.

34 어서 돌아오오

　아들 하나를 뒷바라지하며 시골에서 어렵게 사는 홀어머니가 있었습니다. 어느 날 망나니 같은 아들은 가난한 살림이 지겹다며 연로하신 어머니를 혼자 두고 집을 나가버렸습니다. 얼마 후 방황하며 객지를 떠돌던 아들이 잘못을 뉘우치고 집으로 돌아왔습니다.

인적이 드문 새벽인데 대문은 열려 있고 방안에는 불이 켜져 있었습니다. 자세히 살펴보니 어머니가 벽에 기댄 채 고개를 떨구고 계셨습니다. 깜작 놀란 아들은 급히 들어가 어머니를 흔들었습니다. 어머니는 앉아서 졸고 계셨던 것입니다.

아들은 무릎을 꿇고 어머니께 용서를 빌었습니다. "엄마, 밤에는 무서운 산짐승도 내려오는데 왜 문을 열어 놓으셨어요?" "나는 하루도 거르지 않고 문을 열어 놓고 네가 돌아오기를 기다렸다." 그러면서 어머니는 깊이 뉘우치는 아들의 얼굴을 어루만지며 기쁨을 감추지 못했습니다.

어머니에게 아들이 집을 떠난 이유는 아무 상관 없습니다. 집을 떠나 무엇을 하며 어떻게 살았는지도 문제 되지 않습니다. 돌아온 것만으로 기쁜 것입니다. 다시 말해, 아들은 돌아온 사실 하나만으로 실수와 잘못과 모든 과거를 다 용서받은 것입니다. 우리 하나님은 죄를 용서해 주실 뿐 아니라 돌아온 망나니 같은 아들을 위해 잔치를 베푸시는 아버지입니다(눅 15:25-32).

우리는 지은 죄가 아무리 크더라도 우리를 용서하시는 하늘보다도 넓은 주님의 품으로 돌아와야 합니다. 하나님은 집을 나간 아들이 돌아오기를 바라는 어머니의 심정으로, 죄인들이 돌아오기를 기다리고 계십니다. 우리는 채찍을 조금만 맞아도 아파합니다. 그러나 주님이 때리시는 채찍은 우리를 사랑하기 때문에 드신 그야말로 사랑의 매입니다. 주님은 우리를 용서해 주시고 위로해 주시며 넓은 품으로 감싸주십니다.

어서 돌아오오 어서 돌아만 오오.
지은 죄가 아무리 무겁고 크기로
주 어찌 못 담당하고 못 받으시리요.
우리 주의 넓은 가슴은 하늘보다 넓고 넓어.

찬송 "어서 돌아오오"는 불신자를 향한 복음의 메시지이며, 믿음이 약해진 자들을 어서 돌아오라고 부르는 부름입니다. 하나님의 품을 떠난 자식에게 하나님 품으로 빨리 돌아오라는 호소입니다.

이 찬송시에 곡을 붙인 박재훈 목사는 작곡하게 된 동기에 대해 이렇게 말합니다. "1943년 초여름 평소에 존경하던 전영택 목사님을 만났습니다. 목사님은 당시 평양여자고등성경학교의 교수로 계셨는데, 목사님이 '이것을 읽어보고 재훈 군이 곡을 붙일 수 있으면 좋겠네.'라고 말씀하시면서 시가 인쇄되어 있는 종이를 제게 주셨습니다." 그 당시 박재훈은 21세의 젊은 청년이었습니다.

이 시는 전영택 목사가 발간하는 《새사람》이라는 잡지에서 가져온 것인데, 본래는 1935년 3월 20일 밤에 쓴 것이었습니다. 그렇게 지어진 찬송시에 젊은 작곡가의 곡이 붙여졌고, 이 찬송은 평양지역을 중심으로 불리기 시작했습니다. 이후 1967년에 발행된 『개편찬송가』(개 237)에 수록되면서 널리 알려졌습니다.

이 가사를 지은 전영택 목사는 도쿄 청산학원 신학부를 졸업했습니다. 일본 유학시절인 1918년, 그는 동경에서 후에 한국 문학계를 이끈 김동인, 주요한, 김환과 함께 우리나라 최초의 문예 동인지 《창조》를 발간했습니다. 한국 문학계는 이들의 활동으로 본격적인 현대 단편소설과 서정이 깃든 현대 자유시를 얻게 되었습니다.

전영택 목사는 36세 때 미국으로 건너가 퍼시픽신학교를 졸업하고, 평양의 감리교회에서 목사로 섬겼습니다. 또 기독교 잡지 《새사람》을 발행했으며, 서울감리교신학교와 중앙신학교에서 학생들을 가르쳤습니다. 전영택 목사는 순수예술뿐 아니라 종교적이고 인도주의적 색채의 작품을 발표하며 한국 문단에 지대한 영향을 미쳤습니다. 그는 공직에서 은퇴하고 개인 창작활동을 하던 1968년, 교통사고로 74세의 생을 마감했습니다.

작곡가 박재훈 목사는 어머니에게서 귀한 신앙을 본받고, 어머니의 서원대로 60세에 목사 안수를 받았습니다. 1984년 캐나다 토론토 큰빛장로교회를 개척하여 목회했으며, 현재는 원로목사로 섬기며 창작활동을 하고 있습니다.

시온성과 같은 교회 새 210 · 통 245

작사_ 존 뉴턴(John Newton, 1725-1807)
작곡_ 프란츠 조셉 하이든(Franz Joseph Haydn, 1732-1809)

• • •

1. 시온성과 같은 교회 그의 영광 한없다.
   허락하신 말씀대로 주가 친히 세웠다.
   반석 위에 세운 교회 흔들 자가 누구랴.
   모든 원수 에워싸도 아무 근심 없도다.

2. 생명 샘이 솟아나와 모든 성도 마시니
   언제든지 흘러 넘쳐 부족함이 없도다.
   이런 물이 흘러가니 목마를 자 누구랴.
   주의 은혜 풍족하여 넘치고도 넘친다.

3. 주의 은혜 내가 받아 시온 백성 되는 때
   세상 사람 비방해도 주를 찬송하리라.
   세상 헛된 모든 영광 아침 안개 같으나
   주의 자녀 받을 복은 영원무궁하도다.

35 음치 잭슨 장군이 즐겨 부른 찬송

37세의 잭슨 장군은 키가 180센티미터가 넘었고 체격도 우람했습니다. 길게 기른 수염과 밤색 머리카락은 언제나 빗질이 되어 있지 않았습니다. 군화는 낡았고, 챙이 처진 모자에 빛바랜 군복을 입고 있었습니다.

잭슨은 전쟁터에서는 겁이 없었지만, 대표기도를 할 때는 무대

공포증이 있는 사람처럼 기어들어가는 목소리로 기도했습니다. 그러나 늘 혼자 기도하는 그의 모습을 본 부하들이 "장군님은 전투 중이 아니면 기도 중이시죠."라고 할 만큼 쉬지 않고 기도하는 사람이었습니다.

감사기도를 하지 않고서는 물 한 모금도 마시지 않을 정도로 그의 신앙생활은 철저했습니다. 주일에는 편지 한 통 읽지도 쓰지도 않을 정도였습니다. 그가 자연과학과 군사전술학을 가르쳤던 미국 버지니아 렉싱턴에 있는 버지니아군사학교의 강의실에서, 그는 신자들과 함께 기도회를 열었습니다. 또 흑인 어린이들도 주일학교를 마음대로 갈 수 있도록 흑인침례주일학교를 세우고 지속적으로 운영비를 지원했습니다.

장군은 전투에 나가지 않거나 기도하고 있지 않을 때는 늘 찬송을 불렀습니다. 아주 단순한 멜로디조차 잘 부르지 못하는 음치였지만, 다른 사람들보다 잘 부르는 찬송 하나가 있었습니다. 바로 오래전 존 뉴턴 목사가 지은 것입니다.

1862년 어느 날, 장군이 셰넌도어에서 부대를 이끌고 80킬로미터 넘게 행군하던 때였습니다. 늦은 밤이 돼서야 병사들은 계곡에서 군장을 풀었습니다. 긴 행군에 지쳐 쓰러진 병사들은 보초를 서게 할까 봐 얼른 눈을 붙이고 잠든 척했습니다.

어느 새 날이 밝았고, 병사들은 저 멀리 언덕에서 들려오는 노랫소리에 잠에서 깼습니다. 언덕 위에는 부하들을 밤새 보살펴준 장군이 서있었습니다. 낡은 군인 모자를 손에 든 채 수염이 덥수룩한 얼굴을 하늘로 향한 잭슨 장군은 그가 제일 좋아하는 찬송을 부르고 있었습니다.[24]

> 시온성과 같은 교회 그의 영광 한없다.
> 허락하신 말씀대로 주가 친히 세웠다.
> 반석 위에 세운 교회 흔들 자가 누구랴.
> 모든 원수 에워싸도 아무 근심 없도다.

이 찬송은 영국국교회의 존 뉴턴 목사가 쿠퍼와 함께 발행한 『올니 찬송가』에 처음 수록되었습니다. 뉴턴은 열악한 환경에 있는 올니 마을 사람들에게 이 찬송을 통해 교회의 본질에 대해 알리고 싶었습니다.

찬송가사는 "하나님의 성이여 너를 가리켜 영광스럽다 말하는도다"(시 87:3)에 근거하여 지어졌습니다. '시온'은 하나님이 피값으로 사신 교회를 의미합니다. '시온'은 이사야 8장 18절과 52장 1절, 요한계시록 14장 1절에 언급되었습니다. 시온에는 '예배하는 곳' '하나님의 백성' '교회' '천국'이라는 의미가 있습니다. 모두 믿음의 백성과 그들이 거하는 곳을 의미합니다. '시온'은 찬송가 "아름다운 시온 성아"(통 250, 1절), "내 주의 나라와"(새 208, 5절), "시온성과 같은 교회"(새 210, 1절), "예루살렘 금성아"(통 538, 2

절)에 나타나 있습니다.

이 찬송의 곡조는 교향곡의 아버지로 불리는 프란츠 하이든이 작곡했습니다. 1740년부터 10년간 오스트리아 빈에 있는 성 슈테판 성당의 소년 성가대원으로 노래했던 경험이 음악가로서의 기틀이 되어, 하이든은 수많은 일반음악과 교회음악을 작곡했습니다.

하이든은 〈시계 교향곡〉과 〈놀람 교향곡〉 그리고 〈고별 교향곡〉 등 100여 곡의 교향곡을 작곡했습니다. 또 〈사계〉와 〈황제〉를 비롯해 70여 곡에 달하는 다양한 실내악곡을 썼습니다. 그가 작곡한 대작에는 오라토리오인 〈십자가상의 일곱 말씀〉(1796)과 〈천지창조〉(1798)뿐 아니라 여러 교회음악 작품이 포함됩니다.

대부분의 기악곡은 특징 있는 2악장 때문에 부제가 붙습니다. "시온성과 같은 교회"의 곡조는 "황제"라는 부제로 알려진 현악 4중주 작품 76번 제3곡 2악장 선율에서 따왔습니다. 이 작품에 "황제"라는 부제가 붙게 된 것은 2악장에 오스트리아의 국가인 "신이여 황제를 보호하소서"(Gott! erhalte Franz den Kaiser)의 선율이 사용되었기 때문입니다. 1797년 프란츠 황제 생일에 하이든이 헌정한 이 음악은 오스트리아 국가로 사용되었으며, 현재는 독일연방공화국의 국가입니다.

십자가 군병들아 새 352 · 통 390

작사 _ 조지 더필드(George Duffield, 1818-1888)
작곡 _ 조지 웹(George James Webb, 1803-1887)

• • •

1. 십자가 군병들아 주 위해 일어나, 기 들고 앞서 나가 담대히 싸우라.
   주께서 승전하고 영광을 얻도록, 그 군대 거느리사 이기게 하시네.

2. 십자가 군병들아 주 위해 일어나, 그 나팔 소리 듣고 곧 나가 싸우라.
   수없는 원수 앞에 주 따라갈 때에, 주 예수 힘을 주사 강하게 하시네.

3. 십자가 군병들아 주 위해 일어나, 네 힘이 부족하니 주 권능 믿으라.
   복음의 갑주 입고 늘 기도하면서, 너 맡은 자리에서 충성을 다하라.

4. 십자가 군병들아 주 위해 일어나, 이 날에 접전하고 곧 개가 부르라.
   승전한 군사들은 영생을 얻으며, 영광의 주와 함께 왕 노릇 하리라.

36 유언이 찬송이 되다

1858년 미국 필라델피아에 부흥운동의 바람이 거세게 불었습니다. 많은 시민들이 이 부흥운동에 동참했습니다. 예배당뿐 아니라 호텔과 극장에서도 밤낮으로 집회가 열렸습니다. 곧이어 다른 지역의 사역자들과 평신도들이 모여들었고, 이것은 급기야 북미 대륙을 반세기 동안 뒤흔든 부흥운동의 불씨가 되었습니다.

이 운동의 중심에는 29세의 젊은 설교자 더들리 팅(Dudley Tyng) 목사가 있었습니다. 그보다 더 뜨겁게 말씀을 전하는 사역자를 찾기 어려울 정도로 그의 복음 전파에 대한 열정은 대단했습니다. 그가 필라델피아의 제인 홀에서 YMCA 기도회를 인도할 때 5천 명이 넘는 시민들이 참석했습니다. 그리고 그의 설교가 끝났을 때는 적어도 천 명이 하나님 앞에 무릎을 꿇고 헌신을 다짐했습니다.

며칠 후 팅 목사는 말씀을 읽다가 바람을 쐬려고 밖으로 나갔습니다. 그는 가까운 농장 주변을 걷다가 곳간에서 옥수수 껍질 벗기는 기계를 돌리고 있는 노새를 보았습니다. 그 광경에 흥미를 느낀 그는 가까이 다가가 노새의 머리를 쓰다듬어주었습니다. 그런데 그 순간 코트 소매가 톱니바퀴 사이에 끼더니 순식간에 끌려 들어가고 말았습니다. 그는 즉시 병원으로 옮겨졌지만 이미 한쪽 팔이 잘려 나갔고, 너무 많은 양의 피를 흘렸습니다.

죽음을 맞이하는 그의 머리맡에 가족과 의사 그리고 친구들이 모였습니다. 팅 목사는 그 와중에도 "만세 반석 열리니 내가 들어갑니다"를 부르려고 했습니다. 그러나 몸이 그의 의지를 따라주지 않았습니다. 그가 말하려 하자 아버지 스티븐 팅(Stephen Tyng) 목사가 아들의 마지막 말을 듣기 위해 귀를 기울였습니다.

이 말을 전해 주세요….
Tell them…

일어나라, 예수님을 위해 일어나라.
to stand up, stand up for Jesus.

잠시 후 그는 숨을 거두었습니다. 젊은 팅 목사의 죽음은 많은 사람들에게 크나큰 충격과 슬픔을 안겨주었습니다. 이 소식이 북미 대륙에 퍼져나가자 부흥의 불길은 더욱 크게 타올랐습니다. 팅의 죽음을 지켜본 템플장로교회의 조지 더필드(George Duffield) 목사는 바로 다음 주일에, 에베소서 6장 14절 "서서 진리로 너희 허리띠를 띠고 의의 호심경을 붙이고"라는 말씀으로 설교했습니다. 그는 설교 마지막에 팅 목사의 유언에 영감을 받아 지은 시를 낭송했습니다. 모든 성도들을 감격에 젖게 한 그 시가 바로 우리가 즐겨 부르는 찬송 "십자가 군병들아"입니다.

> 십자가 군병들아 주 위해 일어나
> 기 들고 앞서 나가 담대히 싸우라.
> 주께서 승전하고 영광을 얻도록
> 그 군대 거느리사 이기게 하시네.

이 찬송은 "십자가 군병들아 주 위해 일어나라"고 명령하며 시작합니다. 하나님을 따르는 성도를 마귀와 싸우는 군사로 비유한 것입니다. 그래서 모든 절에 군사용어가 많이 사용되었습니다.

이 찬송은 시간의 흐름에 따라 전쟁의 시작부터 승리까지를 묘사합니다. 1절은 십자가 군병들에게 깃발을 들고 앞서 나가 담대히 싸우라고 격려하며, 2절은 나팔 소리를 듣고 즉시 싸울 것을 명령합니다. 3절은 군사의 힘이 부족하니 주님의 권능을 믿으며, 복음의 전신갑주를 입고 충성을 다하라고 명령합니다. 마침내 4절에서는 승전가를 부르며 주님과 함께 영원히 왕 노릇하게 될 것을 확신하고 있습니다.

미국을 중심으로 21세기에 나타난 찬송시의 특징 중 하나는, 배타적인 언어를 쓰지 않고 포괄적인 언어를 사용하는 것입니다. 예를 들어, 성경에 쓰인 남성명사인 왕을 주인으로, 형제를 형제자매로, 아들을 자녀로 표현하는 것입니다.[25] 마찬가지로 전쟁과 관련된 용어와 군사용어를 배제하고 있습니다. 그러나 이 찬송은 영적인 전쟁을 의미하는 탁월한 찬송으로서 사람들의 사랑을 받고 있습니다.

이 찬송의 곡조는 영국에서 미국으로 이주한 조지 웹(George Webb)이 작곡했습니다. 원래 "새벽이 오니 종달새가 노래하네"라는 세속 음악이었던 이 곡조는, 여러 찬송에 붙여져 불리다가 1861년 윌리엄 브래드버리에 의해 "십자가 군병들아"의 가사에 맞춰 편곡되었습니다.

믿는 사람들은 주의 군사니 새 351 · 통 389

작사_ 사바인 베어링굴드(Sabine Baring-Gould, 1834-1924)
작곡_ 아서 설리번(Arthur Seymour Sullivan, 1842-1900)

• • •

1. 믿는 사람들은 주의 군사니, 앞서가신 주를 따라갑시다.
   우리 대장 예수 기를 들고서, 접전하는 곳에 가신 것 보라.
   (후렴) 믿는 사람들은 주의 군사니, 앞서가신 주를 따라갑시다.

2. 원수 마귀 모두 쫓겨가기는, 예수 이름 듣고 겁이 남이라.
   우리 찬송 듣고 지옥 떨리니, 형제들아 주를 찬송합시다.

3. 세상 나라들은 멸망당하나, 예수교회 영영 왕성하리라.
   마귀 권세 감히 해치 못함은, 주가 모든 교회 지키심이라.

4. 백성들아 와서 함께 모여서, 우리 모두 함께 개가 부르세.
   영원토록 영광 권세 찬송을, 우리 임금 주께 돌려보내세.

37 십자가와 깃발을 들고 행진하며 부르는 찬송

영국에서 방앗간으로 유명한 마을 홀버리에 사바인 베어링굴드(Sabine Baring-Gould) 목사가 살고 있었습니다. 그는 평일에 교인들을 찾아다니며 섬겼고, 주일에는 혼자 사는 자신의 집을 교회로 이용했습니다. 또 저녁에는 학교로도 이용했습니다. 수업이 끝나면 그는 침실이 있는 2층으로 퇴근한 후 밤늦도록 글을 썼습니다.

홀버리에서는 예로부터 성령강림주일 다음날인 성령강림절 월요일(Whitmonday)에 어린이 축제가 열렸습니다. 영국에서는 성령강림주일을 '횟트 선데이'라 하는데, '화이트 선데이'(White Sunday)가 축약된 단어입니다. 이는 성령강림절에 침례를 받는 사람들이 순결을 상징하는 흰옷을 입은 데서 유래한 명칭입니다. 축제날에는 어린이들이 흰옷을 입고 십자가와 깃발을 들고 주변 마을을 행진하는 것이 전통이었습니다. 어른 아이 할 것 없이 마을사람들이 모두 자부심을 갖고 참여하는 축제였습니다. 마을 곳곳에서 행진해 온 아이들이 한곳에 모두 모이면 이 행사는 절정을 이룹니다.

1864년 베어링굴드 목사는 이 축제에서 어린이들이 행진할 때 행렬의 선두에서 인도해 줄 것을 부탁받았습니다. 그는 하나님의 군사들이 승리의 개가를 부르며 행군하는 의미 있는 축제로 이끌고 싶었습니다. 전날 밤 베어링굴드 목사는 어린이들이 행진하며 부를 만한 찬송을 찾아보았지만 딱히 마음에 드는 찬송을 찾지 못했습니다. 하는 수 없이 그는 찬송을 직접 써보기로 했습니다.

그런데 아무리 써보려 해도 영감이 떠오르지 않았습니다. 행진과 군사 그리고 승리라는 낱말만 머리에서 맴돌았습니다. 그러던 중 "너는 그리스도 예수의 좋은 병사로 나와 함께 고난을 받으라" (딤후 2:3)는 말씀이 생각났습니다. 또 여호사밧 군대가 위험에 처했을 때 하나님이 선지자 야하시엘을 통해 말씀하신 것을 믿고 온 백성들이 하나님을 신뢰했던 전쟁이 생각났습니다.

> 백성과 더불어 의논하고 노래하는 자들을 택하여 거룩한 예복을 입히고 군대 앞에서 행진하며 여호와를 찬송하여 이르기를 여호와께 감사하세 그의 인자하심이 영원하도다 하게 하였더니 그 노래와 찬송이 시작될 때에 여호와께서 복병을 두어 유다를 치러 온 암몬 자손과 모압과 세일 산 주민들을 치게 하시므로 그들이 패하였으니(대하 20:21-22)

한 줄도 쓰지 못하던 글을 막힘없이 써내려갔습니다.

다음날, 행진을 시작할 시간이 되었습니다. 그는 직접 써온 가사를 잘 알려진 하이든의 곡 "세인트 알반"(ST. ALBAN) 곡조에 맞춰 부르게 했습니다. 그날 따라 십자가 깃발은 유난히 빛났고, 아이들은 씩씩하게 행진했습니다. 들려오는 노랫소리는 다소 낯설어도 힘이 솟아나게 했습니다.

> 믿는 사람들은 주의 군사니
> 앞서가신 주를 따라 갑시다!
> 우리 대장 예수 기를 들고서
> 접전하는 곳에 가신 것 보라!

대장 되신 예수님을 믿고 따라가는 십자가의 군사들이라고 고백하며 행진하는 어린이들의 발걸음은 가벼웠습니다. 구경하는 농부들도 신바람이 났습니다. 베어링굴드 목사는 이 찬송에 "십자가와 깃발을 들고 행진하며 부르는 찬송"이라는 지극히 당연한 제목을 붙였습니다.

오늘도 마귀는 믿음의 군사들을 공격할 기회를 호시탐탐 노리고 있습니다. 그러나 하나님은 말씀하십니다. "두려워하거나 놀라지 말라 이 전쟁은 너희에게 속한 것이 아니요 하나님께 속한 것이니라"(대하 20:15). 오직 대장 되신 주님만 바라볼 때 우리는 승리할 수 있습니다.

베어링굴드는 사는 동안 딱 한 권의 찬송집을 출간했습니다. 그러나 50년 동안 거의 매년 소설을 한 권씩 썼는데, 종교, 여행, 전기, 신학, 문화 등 다양한 분야를 넘나들었습니다. 대영박물관의 문헌목록에 의하면, 베어링굴드가 빅토리아 시대의 어떤 작가보다도 더 많은 작품을 남겼다고 합니다. 그러나 그가 지금까지도 기억되는 이유는 젊은 시절 갑작스럽게 쓴 하나의 찬송 때문입니다.

주 믿는 형제들 새 221 · 통 525

작사_존 포셋(John Fawcett, 1740-1817)
작곡_로웰 메이슨(Lowell Mason, 1792-1872)

• • •

1. 주 믿는 형제들 사랑의 사귐은
   천국의 교제 같으니 참 좋은 친교라.

2. 하나님 보좌 앞 다 기도 드리니
   우리의 믿음 소망이 주 안에 하나라.

3. 피차에 슬픔과 수고를 나누고
   늘 동고동락하면서 참 사랑 나누네.

4. 또 이별할 때에 맘 비록 슬퍼도
   주 안에 교제하면서 또 다시 만나리.

38 마차에 실린 짐을 다시 내리다

마차를 끌던 마부는 영국의 조용한 마을 웨인스게이트의 작은 침례교회 가까이에 있는 집 앞에 마차를 세웠습니다. 그곳은 존 포셋(John Fawcett) 목사가 사는 곳이었습니다. 그는 몰려든 사람들의 틈새를 뚫고 들어가 젊은 침례교 목사의 짐을 싣기 시작했습니다. 포셋 목사는 7년 동안 섬기던 작은 교회를 떠나 런던으로 옮기려던 참이었습니다.

포셋은 열두 살 때 고아가 되어 불우한 어린 시절을 보냈습니다. 그는 하루에 14시간을 양복점 견습공으로 일하거나 막노동을 했습니다. 그리고 촛불 아래서 글 읽는 법을 배우며 열심히 공부했습니다. 포셋은 열여섯 살 때 영국의 유명한 부흥사 조지 휫필드(George Whitefield) 목사의 설교를 듣고 주님을 영접하고 감리교회에 나가기 시작했습니다. 3년쯤 지나 침례교회로 옮긴 후 25세의 젊은 나이로 목사 안수를 받고, 웨인스게이트의 아담한 침례교회에서 사역하기 시작했습니다. 교인이 많지 않아 연봉도 넉넉하지 못했습니다. 그래서 얼마는 감자와 양털로 받아야 하는 형편이 넉넉지 않은 교회였습니다.[26]

포셋 목사가 웨인스게이트의 작은 교회에서 런던의 대형교회로 옮기게 된 것은 큰 기회였습니다. 카터 레인 침례교회는 은퇴하는 존 길 목사의 후임을 찾기 위해 여러 목사들의 설교를 들어 보았습니다. 포셋 목사의 설교를 들은 교인들은 그가 교회를 맡아줄 것을 원했습니다. 시골 작은 교회의 목사를 런던 대형교회의 담임목사로 청빙한 것입니다. 그래서 짐꾼이 포셋 목사의 짐을 마차에 싣고 있었던 것입니다.

마지막 짐이 마차에 실렸습니다. 포셋 목사는 사람들과 손을 맞잡고 마지막 인사를 했습니다. 그곳엔 그가 축복하며 결혼시킨 젊은 부부도 있었고, 가슴에 품고 기도했던 아이들도 있었습니다. 7년 동안 기쁨과 슬픔을 함께 나눈 노인들도 있었습니다. 모두 소박한 사람들이었습니다. 그중 몇몇만 글을 읽고 쓸 줄 알았습니다. 그들을 남겨 놓고 대도시에서 편안히 지낼 생각을 하니 마음이 무거웠습니다. 교인들의 성실함과 사랑은 포셋 목사가 감당하기 어려울 만큼 크게 다가왔습니다. 흐르는 눈물을 교인들에게 보일 수 없었던 포셋 목사는 마부에게 짐을 다시 내려달라고 말했습니다. 아직 떠날 때가 아니라고 생각한 것입니다. 그는 웨인스게이트에 조금 더 머무르기로 결심했습니다.

포셋 목사는 정이 넘치는 교인들을 한 명 한 명 생각하니 마음이 따뜻해졌습니다. 세상 그 무엇도 부럽지 않았습니다. 그는 순박한 시골 교인들이 보여준 목회자에 대한 사랑과 교인들을 향한 자신의 마음을 글로 쓰기 시작했습니다. 이것이 찬송 "주 믿는 형제들"(새 211)입니다.

주 믿는 형제들 사랑의 사귐은
천국의 교제 같으니 참 좋은 친교라.

하나님 보좌 앞 다 기도 드리니
우리의 믿음 소망이 주 안에 하나라.

모든 크리스천의 교제는 천국에서 교제하는 것처럼 아름다워야 합니다. 예수님의 사랑 안에서 나누는 성도의 사귐은 큰 복입니다. 우리는 그리스도 안에서 한 몸이 되어 서로 지체가 되었습니다(롬 12:5). 주 안에서 지체는 혈연이나 학연에 의한 것이 아닙니다. 이 세상이 끊을 수 없는 온전하게 맺어진 그리스도의 사랑 안에 있는 관계입니다(골 3:14). 우리는 아름다운 교제 가운데 믿음과 소망이 하나임을 늘 고백해야 합니다.

성도가 어려움을 당하면 짐을 함께 나누어 져야 합니다(갈 6:2). 이것이 성도의 교제입니다. 믿음의 형제자매들은 육신이 이별한다 해도 천국에서 다시 만나게 됩니다.

포셋 목사는 큰 교회로 옮기지 않았습니다. 브리스톨 침례신학교의 학장으로 청빙되었을 때도 정중히 거절했습니다. 그는 죽을 때까지 웨인스게이트를 떠나지 않았습니다. 그는 그곳에서 설교자들을 위한 학교를 세웠고, 조지 3세 국왕에게까지 존경받는 목사가 되었습니다. 비록 많은 연봉과 여러 가지 좋은 조건을 포기하고 런던에 가지 않았지만, 포셋 목사가 지은 책과 논문은 널리 알려졌습니다.

주 달려 죽은 십자가 새 149 · 통 147

작사 _ 아이작 와츠(Isaac Watts, 1674-1748)
작곡 _ 로웰 메이슨(Lowell Mason, 1792-1872)

· · ·

1. 주 달려 죽은 십자가 우리가 생각할 때에
   세상에 속한 욕심을 헛된 줄 알고 버리네.

2. 죽으신 구주밖에는 자랑을 말게 하소서.
   보혈의 공로 힘입어 교만한 맘을 버리네.

3. 못박힌 손발 보오니 큰 자비 나타내셨네.
   가시로 만든 면류관 우리를 위해 쓰셨네.

4. 온 세상 만물 가져도 주 은혜 못 다 갚겠네.
   놀라운 사랑받은 나 몸으로 제물 삼겠네.

39 시대에 따라 바뀌는 애창찬송의 순위

    찬송가 책에는 수백 곡의 찬송이 수록되어 있지만, 사람들이 모든 찬송을 즐겨 부르지는 않습니다. 깊이 와닿는 말씀이 각각 다르고 좋은 예술 작품에 대한 의견이 다르기 때문에, 각자가 좋아하는 찬송은 당연히 다를 수밖에 없습니다. 몇 년 전 극동방송이 청취자 2,208명을 대상으로 애창찬송을 조사한 적이 있습니다. 137표를 얻은 "나 같은 죄인 살리신"에 이어 91표를 얻은 "지금까지 지내온 것"과 81표를 얻은 "내 영혼이 은총 입어"가 베스트 3으로 선정되었습니다.

조사대상과 환경에 따라 애창찬송이 조금씩 다릅니다. 2010년 소셜 네트워크 서비스(SNS)의 하나인 페이스북에 가입한 미국연합감리교단의 1,500여 명 회원들이 애창하는 찬송 20곡을 선정했습니다. 한국찬송가에 없는 찬송은 영어 제목을 함께 표기했습니다.

1. 주님, 제가 여기에 있어요(Here I Am, Lord)
2. 주 하나님 지으신 모든 세계
3. 나 같은 죄인 살리신
4. 언약의 찬송(Hymn of Promise)
5. 저 장미꽃 위에 이슬
6. 춤을 추시는 주님(Lord of the Dance)
7. 내 평생에 가는 길
8. 내 맘의 주여
9. 오 신실하신 주
10. 예수를 나의 구주 삼고 / 주 하나님 독생자 예수
11. 갈보리산 위에
12. 거룩, 거룩, 거룩
13. 만 입이 내게 있으면

14. 영혼의 노래(Spirit Song)

15. 예수 안에서 승리(Victory in Jesus)

16. 전하세(Pass it On)

17. 죄 짐 맡은 우리 구주

18. 예수 부활했으니

19. 주님, 호반에 오셨네(Lord, You Have Come to the Lakeshore)

20. 기뻐하며 경배하세 / 복의 근원 강림하사

　전문가들에게도 좋은 찬송을 선택하는 기준이 있지만, 좋은 찬송을 선택하는 가장 안전한 기준은 얼마나 오래, 얼마나 많은 사람들에게 불렸는지를 알아보는 것입니다. 찬송은 연구를 위해 쓰인 것이 아니라 회중이 부르기 위해 쓰였기 때문입니다. 좋은 찬송은 오랫동안 많이 불립니다.

　약 반세기 전 영국의 한 잡지사가 3만5천 성도를 대상으로 좋아하는 찬송을 설문조사했습니다. 1위는 3,215명이 선택한 톱레이디(August Toplady)가 쓴 "만세 반석 열리니"였습니다. 시인 테니슨(Alfred Tennyson)은 히버 주교가 쓴 "거룩 거룩 거룩"을 가장 성경적이며 좋은 찬송으로 꼽았습니다. 영국의 시인 존슨(Samuel Johnson)은 와츠의 찬송이야말로 남들이 절대로 쓰지 못할 좋은 작품이라고 말했습니다. 시인 아놀드(Matthew Arnold)도 죽음 직전에 와츠의 "주 달려 죽은 십자가"(새 149)를 부를 정도로 그의

찬송을 무척이나 좋아했습니다.[27]

와츠가 33세에 쓴 "주 달려 죽은 십자가"에는 주님에 대한 헌신의 고백이 고스란히 담겨 있습니다. 바로 우리가 믿고 행해야 할 주제입니다. 이 찬송은 갈라디아서 6장 14절 "그러나 내게는 우리 주 예수 그리스도의 십자가 외에 결코 자랑할 것이 없으니 그리스도로 말미암아 세상이 나를 대하여 십자가에 못 박히고 내가 또한 세상을 대하여 그러하니라"를 근거로 쓴 삶의 고백입니다.

죄인을 구원하기 위해 오신 주님은 죄인들에게 손가락질당하고 멸시당하셨습니다. 우리를 위한 사랑 때문에 치욕의 가시관을 쓰셨습니다. 십자가의 능력으로만 불완전한 자아가 소멸되어 세상에서 쾌락을 찾으려는 갈망을 내려놓고, 세상을 만드신 하나님이 주시는 기쁨을 누릴 수 있습니다.

눈먼 찬송작가 패니 크로스비는 이 찬송에 감동받아 일생을 주님께 헌신하기로 결심했습니다. 그녀는 "놀라운 사랑받은 나 몸으로 제물 삼겠네"를 눈물을 흘리며 부르고 난 후 주님만을 위해 살기로 결심한 것입니다.

와츠는 자신이 쓴 가사처럼 살려고 노력했습니다. 비록 몸은 연약했지만, 언제나 삶의 초점을 하나님께 맞춘 그를 하나님은 사용하셨습니다. 와츠는 젊은 나이인 26세부터 런던 마크레인교회를 섬겼습니다. 그는 독신으로 지내면서 복음을 증거하며 살다가 74세를 일기로 하나님의 부르심을 받았습니다.

예수 부활했으니 새 164 · 통 154

작사_찰스 웨슬리(Charles Wesley, 1707-1788)
작곡_미상

• • •

1. 예수 부활했으니 할렐루야, 만민 찬송하여라 할렐루야.
   천사들이 즐거워 할렐루야, 기쁜 찬송 부르네 할렐루야.

2. 대속하신 주 예수 할렐루야, 선한 싸움 이겼네 할렐루야.
   사망 권세 이기고 할렐루야, 하늘 문을 여셨네 할렐루야.

3. 마귀 권세 이긴 주 할렐루야, 왕의 왕이 되셨네 할렐루야.
   높은 이름 세상에 할렐루야, 널리 반포하여라 할렐루야.

4. 길과 진리 되신 주 할렐루야, 우리 부활하겠네 할렐루야.
   부활 생명 되시니 할렐루야, 우리 부활하겠네 할렐루야.

40 부활

존 웨슬리와 찰스 웨슬리 형제는 한시도 시간을 낭비하지 않았을 만큼 일생을 열심히 살았습니다. 존 웨슬리는 밤 10시까지 일했고, 매일 새벽 4시에 기도로 하루 일과를 시작했습니다. 그는 시간을 아끼기 위해 마차 안에 작은 책상과 책꽂이를 설치해 놓고, 이동하는 중에도 책 읽기와 글쓰기를 멈추지 않았습니다.

찰스 웨슬리는 평생 동안 6,500여 편의 찬송시를 썼습니다. 그는 시간이 있을 때마다 하루에도 몇 편씩 찬송시를 썼습니다. 한

번은 타고 가던 말이 넘어지는 사고를 당했는데, 그때 순간적으로 손부터 움츠렸습니다. 손을 다쳐 찬송을 쓰지 못하게 될까 걱정했기 때문입니다. 그는 결혼식 날에도 찬송을 지었습니다. 이것은 그의 삶이 온전히 하나님 중심이었음을 보여줍니다.

80세가 된 찰스 웨슬리는 죽기 직전까지 새로운 찬송시를 속삭이다가 하나님의 부르심을 받았습니다. 그의 형 존 웨슬리도 마찬가지였습니다. 존 웨슬리가 88세에 죽음을 맞이했을 때, 의사는 그가 질병으로 죽은 것이 아니라 육체를 사용할 만큼 전부 사용했기 때문이라고 말했습니다. 이처럼 웨슬리 형제는 하나님의 영광을 위하여 최선을 다해 평생을 살았습니다.

어떻게 죽음을 목전에 두고도 찬송을 쓸 수 있을까요. 어떻게 자신에게 주어진 육체의 힘을 하나님을 위해 하나도 남김없이 다 사용할 수 있을까요. 웨슬리 형제는 잠시 피는 꽃과 같은 인생을 목표로 삼지 않았습니다. 믿음으로 볼 수 있는 영원한 하늘나라에 소망을 두었습니다. 부활하신 주님은 우리에게 영생의 소망을 주셨습니다. 그래서 그리스도인들은 참회의 기간인 수난절을 지나고 맞이하는 부활절 아침에 '할렐루야'를 외칠 수밖에 없는 것입니다.

'할렐루야'는 꾸밈없는 표현입니다. '할렐루야'는 '찬양하다' '칭찬하다' '외치다' '자랑하다' '축하하다' '바보스러울 정도로 시끄럽게 하다'를 뜻하는 히브리어 동사 '할랄'(halal)의 2인칭 남성 복

수형 '할렐루'(hallelu)와 하나님의 이름인 '여호와'를 뜻하는 '야'(Jah)가 합쳐져 "여호와를 찬양하라"를 의미하는 단어입니다. 먼지 같은 우리에게 영원한 희락을 선물해 주신 하나님을 생각할 때, 우리는 그분의 이름을 친숙히 부르며 바보스럽게 보일 정도로 기뻐하지 않을 수 없습니다.

찰스 웨슬리가 회심한 지 일 년쯤 되었을 때 지은 "예수 부활했으니"는 부활찬송 중에서도 백미입니다. 이 찬송은 오래전부터 내려오던 라틴 찬송에 영감을 받아 지어졌는데, 여러 차례의 편집을 거쳐 지금의 형태가 되었습니다.[28] 이 찬송이 지어진 이래, 동서양을 막론하고 기독교가 전파된 나라에서는 부활절마다 이 찬송을 부릅니다. 이 찬송은 가사와 음악이 어울려 생동감이 넘칩니다.

> 예수 부활했으니, 할렐루야!
> 만민 찬송하여라, 할렐루야!
> 천사들이 즐거워, 할렐루야!
> 기쁜 찬송 부르네, 할렐루야!

인류 역사상 부활하여 살아계신 분은 예수님밖에 없습니다. "나는 아브라함의 하나님이요 이삭의 하나님이요 야곱의 하나님이로라 하신 것을 읽어 보지 못하였느냐 하나님은 죽은 자의 하나님이 아니요 살아 있는 자의 하나님이시니라"(마 22:32). 그리고 우리도 예수님처럼 부활하게 됩니다. "보라 내가 너희에게 비밀을 말하노니 우리가 다 잠잘 것이 아니요 마지막 나팔에 순식간에 홀연히 다 변화되리니 나팔 소리가 나매 죽은 자들이 썩지 아니할 것으로 다시 살아나고 우리도 변화되리라"(고전 15:51-52).

주님은 이렇게 우리에게 부활의 소망을 주셨습니다. 이것 때문에 우리는 세상에 사는 동안 져야 할 십자가를 기쁨으로 질 수 있습니다. 십자가의 고난 뒤에는 부활의 기쁨이 있습니다. 예수님은 "나는 부활이요 생명이니 나를 믿는 자는 죽어도 살겠고"(요 11:25)라고 말씀하셨습니다. 이 말씀이 기쁜 소식으로 들린다면 찬송 "예수 부활했으니"를 마음껏 부를 수 있을 것입니다. 부활절만이 아니라 날마다 새롭게 부를 수 있습니다.

창조의 주 아버지께 새 76

작사_이용원(1940-)
작곡_김정일(1943-)

• • •

1. 창조의 주 아버지께 감사 찬송 드립니다.
   부름받은 자녀들이 주의 전에 함께 모여
   찬송하고 기도하며 몸과 마음 모두어서
   주께 예배드리오니 아버지여 받으소서.

2. 은혜의 주 구세주여 용서하여 주옵소서.
   허물 많은 죄인들이 주님 앞에 회개하니
   거듭나게 해주시고 말씀으로 성장하여
   서로서로 사랑하여 하나 되게 하옵소서.

3. 능력의 주 성령이여 새마음을 주옵소서.
   구원받은 성도들이 주의 성령 충만하여
   분부하신 주의 복음 땅끝까지 전파하여
   하늘나라 세우도록 능력으로 이끄소서.

41 바흐를 존경한 교회 음악가

샌프란시스코의 상항성결교회를 담임했던 이용원 목사가 지은 이 찬송 "창조의 주 아버지께"의 주제는 예배입니다. 이 찬송은 예배의 대상과 목적을 분명하고 균형 있게 제시하며, 하나님이 찾으시는 예배의 모습을 그리고 있습니다. 또 창조주 되신 성부 하나님께 감사드리며 성자 하나님을 구세주로 선포합니다. 그리고 죄인을 구속하기 위해 이 땅에 오신 예수님께 우리 죄의 용서를 구하며 말씀으로 성화되는 삶을 살아가기를 소망합니다. 마지막 절은 능력을 베푸시는 성령 하나님께 새 마음을 달라고 간구하며, 성령의 충만함으로 복음을 전할 수 있도록 능력을 구합니다.

이용원 목사는 《활천》(2000년 5월호)에서 우리는 경건의 모양은 있지만 경건의 능력은 없다고 지적하며, 모든 그리스도인에게 이렇게 묻고 있습니다.

> 우리는 성결하고 경건합니까? 성결과 경건은 하나님께 향한 마음과 태도이며 마지막 심판과 축복의 기준입니다. 우리는 하나님보다 세상과 사람, 물질을 더 의식하고 있어 경건의 모양은 있으나 경건의 능력은 스스로 잃어가고 있습니다. 외모를 보지 않고 중심을 보시는 하나님 앞에 우리는 영적이기보다 육적인 경향이 너무 많습니다.
> 물량주의가 목회의 기준과 교회 성장의 목표가 되는 시대입니다. 섬기는 종으로 오신 주님의 종인데 주인 행세를 하고 있는 게 아닌지, 하나님과 사람 앞에 정직하지도 솔직하지도 못하고, 가식과 꾸밈과 외모 치장에 급급하며 내적 정화에 소홀해진 우리가 아닌지, 대단한 인물이 되어서 모든 사람에게 칭찬의 대상이 되고 높아지려 하여 하나님의 영광을 가리는 것은 아닌지 생각하게 됩니다.

"창조의 주 아버지께"의 작곡자는 김정일 장로입니다. 그가 고등학교를 막 졸업한 19세 때 일입니다. 아버지 김대홍 목사는 아들에게 무엇인가 중대한 말을 하려는 듯 잠시 망설이다 말문을 열었습니다. "내가 당회에 일 년간의 사례비를 미리 달라고 말해 놓았다. 이것으로 한 학기 등록금과 한 달 생활비는 할 수 있을 것이다. 아버지가 할 수 있는 것은 이게 전부니 네가 결정해라. 서울에 있는 학교를 갈 것인지 말 것인지…."

아들은 아버지께 죄송했지만 금방 결정할 수 있었습니다. 어렸을 때부터 교회에서 피아노 연주와 지휘로 하나님을 찬양했던 일들을 생각해 볼 때 그는 음악을 내려놓을 수가 없었습니다. 어린 김정일은 두 번 생각할 필요도 없이 서울로 가겠다고 대답했습니다. 그것이 그의 본격적인 음악 인생의 시작이었습니다.

서울로 온 그는 연세대학교를 졸업하고 충현교회에서 성가대 지휘자로 섬겼습니다. 이후 서문교회에서 지휘한 것이 고신대학교와 인연이 되어, 고신대학교에서 후진을 양성하며 한국교회음악 발전을 위해 찬송 작곡과 합창 지휘로 많은 업적을 남겼습니다.

한번은 김정일 장로가 서점에서 책을 뒤적이고 있는데, 스피커에서 바흐의 "마태 수난곡"이 흘러나왔습니다. 심오한 합창에 감탄한 그는 한참 듣다가, 그 연주가 본인이 지휘한 대학합창단의 공연실황 녹음이 라디오를 통해 방송되는 것임을 알아차렸습니다. 그는 대부분의 대작 오라토리오와 성가를 지휘했습니다. 특히 그는 교회를 중심으로 음악활동을 펼친 바흐를 존경했습니다. 그래서 바흐의 오라토리오를 여러 차례 연주했습니다.

1997년 김정일 장로가 독일 도르트문트에서 안식년을 보내고 있을 때였습니다. 찬송 작곡을 유일한 기쁨으로 여기며 지내고 있었는데, 늘 지니고 다니던 찬송시 "창조의 주 아버지께"를 읽다가 악상이 떠올라 순식간에 멜로디를 써내려갔습니다. 이렇게 해서 이 찬송의 곡조가 만들어졌습니다.

김정일 장로는 창작에 관해 두 가지 철학을 염두에 두고 있었습니다. 소리 속에서 한국인의 숨결을 느낄 수 있어야 하며, 또 세계인이 공감할 수 있어야 한다는 것입니다. 몸은 독일에 있었지만 그의 마음은 한국 땅에 있었습니다.

그래서 그의 작품을 보면 한국적 정서가 묻어납니다. 이 찬송의 선율이 5음 음계로 구성된 것과 셋잇단음표로 표현된 것이 그렇습니다. 그리고 시작을 유니슨(unison, 동일한 가락을 두 사람 이상이 동시에 노래하는 것)으로 처리한 것과 악구의 반복도 같은 맥락입니다. 또 찬송의 가사와 음악의 클라이맥스가 셋째 단에서 일치되어 아주 자연스럽게 표현되었습니다.

눈을 들어 하늘 보라 새 515 · 통 256

작사 _ 석진영(1926-2002)
작곡 _ 박재훈(1922-)

. . .

1. 눈을 들어 하늘 보라 어지러운 세상 중에
곳곳마다 상한 영의 탄식 소리 들려온다.
빛을 잃은 많은 사람 길을 잃고 헤매이며
탕자처럼 기진하니 믿는 자여 어이할꼬.

2. 눈을 들어 하늘 보라 어두워진 세상 중에
외치는 자 많건마는 생명수는 말랐어라.
죄를 대속하신 주님 선한 일꾼 찾으시나
대답할 이 어디 있나 믿는 자여 어이할꼬.

3. 눈을 들어 하늘 보라 살아 계신 주 하나님
약한 자를 부르시어 하늘 뜻을 전하셨다.
생명수는 홀로 예수 처음이요 나중이라.
주님 너를 부르신다 믿는 자여 어이할꼬.

4. 눈을 들어 하늘 보라 다시 사신 그리스도
만백성을 사랑하사 오래 참고 기다리네.
인애하신 우리 구주 의의 심판하시는 날
곧 가까이 임하는데 믿는 자여 어이할꼬.

42 석진영이 던진 질문

 1950년 6월 25일 일요일 새벽 조선인민군이 38선을 넘어 남한을 침범함으로써 한국전쟁이 발발했습니다. 갑자기 일어난 전쟁으로 온 나라가 삽시간에 혼란에 빠졌습니다. 사람들은 안전한 남쪽으로 피난 가기 시작했습니다. 많은 피난민들이 부산으로 모여들었습니다.

고향에서 겨우 몸만 빠져나온 피난민들은 살아남기 위해 안간힘을 썼습니다. 하지만 들려오는 소식은 전쟁의 상처뿐이었습니다. 모든 사람이 불구덩이 속에서 살려 달라고 울부짖는 것 같았습니다. 그들은 삶을 포기한 채 하루하루를 살아갔습니다. 성도들조차 하나님을 믿지 않는 사람들과 다를 바 없었습니다. 심지어 믿음을 포기하는 사람들까지 생겨났습니다.

그런 고난 중에 하나님의 섭리를 구하며 주님의 음성에 귀를 기울이는 신앙인들이 있었습니다. 그들은 새벽마다 하나님께 울부짖으며 매달렸습니다. 피폐해진 환경과 믿음을 포기하는 사람들을 바라보고 있을 수만은 없었습니다. 잠시뿐인 이 세상의 고통으로 모든 것을 포기하고 살다가 영원한 고통을 겪게 된다면 얼마나 슬픈 일입니까.

1952년 울산중학교 국어교사였던 26세의 젊은 석진영은 가슴이 찢어지는 아픔을 느끼며 펜을 들었습니다. 석진영은 글로써 절망에 빠져 있는 이들에게 복음을 증거하고, 탕자처럼 방황하는 자들에게 하나님 품으로 돌아오길 애타게 호소했습니다. 그렇게 쓴 글이 바로 찬송 "눈을 들어 하늘 보라"입니다.

이 찬송은 하나님의 참사랑을 모르는 자들과 주님을 떠난 자들에게 빨리 돌아오라는 강렬한 외침입니다. 그리고 우리에게 눈을 들어 하늘을 바라보라고 명령하고 있습니다. 환난 가운데서 땅의 현실만을 바라보고 있는 피난민들에게 "내가 산을 향하여 눈을 들리라"(시 121:1)는 말씀처럼 살아계신 하나님을 바라보라고 명령하는 것입니다. 또 마지막 행마다 "믿는 자여 어이할꼬"라는 직설적인 질문으로 성도들에게 주님의 뜻에 따라 결단할 것을 촉구하고 있습니다.

1절은 어지러운 세상에 탄식 소리뿐임을 전제하고 있습니다. 사람들이 빛 되신 하나님을 만나지 못하고 어두운 길을 헤매고 있기 때문입니다. 2절은 주님이 어두운 세상 가운데 소명을 감당할 일꾼을 찾으신다고 말합니다. 3절은 예수님만이 변하지 않고 신뢰할 수 있는 분이므로 주님의 부르심에 응답할 것을 촉구합니다. 4절은 오래 참으시는 주님이지만 심판의 날이 있음을 경고하며, 하루빨리 주님께 돌아올 것을 호소합니다.

작사가 석진영은 서울대학교 사범대학 국문학과를 졸업한 후 울산중학교에서 교편을 잡았습니다. 그리고 나중에 미국으로 건너가 캘리포니아 루터성경학교와 라이프성서대학에서 신학을 공부했습니다. 그 후 로스앤젤레스에서 찬송시를 쓰며 《복음의 전령》(*The Christian Ambassador*)의 발행인으로 활동하면서 여러 시집을 출간했습니다.

이 찬송의 작곡자는 "어서 돌아오오" "지금까지 지내온 것" 등 성도들이 애창하는 찬송을 작곡한 박재훈 목사입니다. 30세 되던

1952년에 해군 정훈음악대 대원으로 복무하던 박재훈에게 엽서 한 장이 날아왔습니다. 석진영이 보낸 엽서였습니다. 그녀의 글에는 피난지에서 느낀 전쟁의 참상과 "눈을 들어 하늘 보라"는 시가 담겨 있었습니다. 석진영의 글에 감동받은 박재훈은 작사자와 같은 심정으로 곡을 썼습니다.

박재훈 목사는 한양대학교에서 음악을 가르쳤고, 서울영락교회 시온성가대와 선명회 어린이합창단 지휘자로 활동했습니다. 1973년 미국으로 건너간 그는 몇 년 후 캐나다에 정착했습니다. 어머니의 신앙을 본받은 그는 60세라는 늦은 나이에 어머니의 서원대로 목사 안수를 받았습니다. 캐나다 토론토 큰빛장로교회를 개척하여 목회했으며, 현재는 원로목사로 섬기고 있습니다.

우리 찬송가에 실린 석진영 선생이 작사한 찬송으로는 "눈을 들어 하늘 보라"(새 515), "하나님은 나의 목자시니"(새 568)가 있습니다. 박재훈 목사가 작곡한 찬송으로는 "사랑의 하나님"(새 17), "지금까지 지내온 것"(새 301), "말씀으로 이 세상을"(새 319), "주여 어린 사슴이"(새 392), "눈을 들어 하늘 보라"(새 515), "어서 돌아오오"(새 527), "예수님의 사랑은"(새 561), "언제나 바라봐도"(새 578), "산마다 불이 탄다 고운 단풍에"(새 592)가 있습니다.

만세 반석 열리니 새 494 · 통 188

작사 _ 어거스터스 톱레이디(Augustus M. Toplady, 1740-1778)
작곡 _ 토머스 헤이스팅스(Thomas Hastings, 1784-1872)

• • •

1. 만세 반석 열리니 내가 들어갑니다. 창에 허리 상하여 물과 피를 흘린 것, 내게 효험 되어서 정결하게 하소서.

2. 내가 공을 세우나 은혜 갚지 못하네. 쉼이 없이 힘쓰고 눈물 근심 많으나, 구속 못할 죄인을 예수 홀로 속하네.

3. 빈손 들고 앞에 가 십자가를 붙드네. 의가 없는 자라도 도와주심 바라고, 생명 샘에 나가니 나를 씻어주소서.

4. 살아생전 숨쉬고 죽어 세상 떠나서, 거룩하신 주 앞에 끝날 심판당할 때, 만세 반석 열리니 내가 들어갑니다.

43 논쟁 속에서 태어난 찬송

지금의 크리스천들은 칼빈주의와 알미니안주의의 싸움에 큰 관심을 가지지 않지만, 예전에는 그 논쟁이 무척이나 치열했습니다. 칼빈주의를 주장한 톱레이디(Augustus Toplady)와 알미니안주의를 주장한 존 웨슬리의 논쟁은 격렬했습니다. 그들은 설교나 저술을 통해 자신의 신학을 펼쳤고, 각자의 입장을 강하게 반영하는 찬송을 썼습니다.

웨슬리는 "하나님께서 자유의지를 주셔서 사람은 자신의 의지로 구원을 선택할 수 있으며, 하나님의 은혜는 모든 사람에게 주어진다"고 믿었습니다. 톱레이디는 "모든 사람은 구원을 선택하지 못할 만큼 전적으로 타락했으며, 구원의 대상은 무조건적으로 하나님의 계획에 달려 있다"고 주장했습니다.

런던 소재 프랑스인 교회를 맡고 있던 톱레이디 목사는 《가스펠 매거진》(*The Gospel Magazine*)의 편집인이었습니다. 톱레이디 목사는 1776년 3월호에 영적 개선과 국가 부채에 대한 기사를 실었습니다. 엄격한 칼빈주의자인 톱레이디는 웨슬리가 주장하는 성도의 성결에 대해 논박하며, 성도가 완벽하게 죄를 짓지 않고 살 수 있다는 주장에 대한 반박의 글을 썼습니다. 톱레이디 목사는 영국이 국가 부채에 속수무책이듯 인류도 자신이 지은 죄의 빚을 갚을 길이 없다고 주장했습니다.

톱레이디는 사람이 1초에 하나씩 죄를 지으면, 50년 동안 1,576,800,000번의 죄를 짓게 된다고 말했습니다. 감당할 수 없는 이 죄의 빚을 예수님이 십자가에 달려 돌아가심으로 대신 갚아주셨다는 것입니다. 그래서 그는 하나님께 감사하며 죄를 짓지 않도록 기도해야 한다고 강조했습니다. 그의 마음속에는 '죄와 은혜'라는 생각이 잠시도 떠나지 않았습니다.[29]

톱레이디 목사는 이 글 끝부분에 "세상에서 가장 거룩한 성도를 위한 죽고 사는 기도"(A Living and Dying Prayer for the Holiest Believer in the World)라는 시를 썼습니다. 찬송 "만세 반석 열리니"

(새 494)가 바로 이 시입니다.30) 다시 말해, 이 찬송은 알미니안주의를 반박한 신학적 논쟁 속에서 태어난 찬송입니다.

> 만세 반석 날 위해 갈라지니
> Rock of ages, cleft for me,
> 내가 그 안으로 피하옵니다.
> Let me hide myself in thee;
> 주님의 물과 피가
> Let the water and the blood,
> 상처 입은 옆구리에서 흘러
> From thy wounded side which flowed,
> 죄를 완전히 씻어주시고
> Be of sin the double cure,
> 진노에서 구원하사 날 정결하게 하소서.
> Save from wrath and make me pure.

'만세 반석'(Rock of Ages)은 성경에 나타난 관용구로써, 영원토록 변함없는 주님을 의미합니다. 이 찬송은 영원토록 변함없고 무너지지 않는 반석, 튼튼한 기반이 되시는 예수님께 십자가의 은혜로 우리를 정결하게 해달라고 간구하고 있습니다. 우리가 어떤 공을 세우더라도 은혜를 갚을 수 없음을 고백하며, 예수님만이 우리 죄를 대속하신다고 고백하고 있습니다.

우리는 일생 동안 빈손으로 십자가만을 붙들며, 이 세상은 물론 하늘나라까지 주님의 은혜로 들어가기를 바라고 있습니다. 찬송 "만세 반석 열리니"는 주님만이 우리의 반석이며 행복의 근원임을 고백하는 아름다운 찬송입니다. 특히 이 찬송은 장례예배에서도 많이 불리는데, 그것은 연약한 인생의 모습을 그대로 담고 있고 오직 그리스도의 보혈로 은혜를 입었다는 고백 때문입니다.

톱레이디 목사의 말처럼 사나 죽으나 모든 것이 주님의 은혜입니다. 그러므로 우리는 주님을 온전히 신뢰하는 '만세 반석'의 신앙을 가져야 합니다. 우리는 오직 만세 반석 되신 주님의 은혜로 그와 함께 영원히 살 수 있습니다.

많은 찬송들이 만세 반석 되신 주님을 찬양하고 있습니다. '오 만세 반석이신 주' '만세 반석 위에' '반석 위에 세운 교회' '만세 반석 열린 곳에' '큰 바위에 숨기시고' '나의 반석 나의 방패' '반석이 되시니' '반석 위에 섰으니' '믿음의 반석도 든든하다' '반석에서 샘물 나고' '영원한 반석 전능의 하나님' 등 만세 반석을 다양하게 노래하고 있습니다.

복의 근원 강림하사 새 28 · 통 28

작사 _ 로버트 로빈슨(Robert Robinson, 1735-1790)
작곡 _ 존 와이에스(John Wyeth, 1770-1858)

...

1. 복의 근원 강림하사 찬송하게 하소서.
   한량없이 자비하심 측량할 길 없도다.
   천사들의 찬송가를 내게 가르치소서.
   구속하신 그 사랑을 항상 찬송합니다.

2. 주의 크신 도움 받아 이때까지 왔으니
   이와 같이 천국에도 이르기를 바라네.
   하나님의 품을 떠나 죄에 빠진 우리를
   예수 구원하시려고 보혈 흘려주셨네.

3. 주의 귀한 은혜 받고 일생 빚진 자 되네.
   주의 은혜 사슬 되사 나를 주께 매소서.
   우리 맘은 연약하여 범죄하기 쉬우니
   하나님이 받으시고 천국 인을 치소서.

44 술 취한 점쟁이를 만난 젊은이

　로버트 로빈슨(Robert Robinson)은 불우한 어린 시절을 보냈습니다. 아주 어렸을 때 아버지를 잃고 방황하며 청소년기를 보내던 그는 홀로 런던으로 가게 되었습니다. 어머니는 로빈슨을 조셉 앤더슨의 이발 견습생으로 들여보내 이발 기술을 배우게 했습니다. 이때 로빈슨의 나이 14세였습니다. 그는 이발 기술에는 아무 관심 없이 까불기만 하는 어린 소년이었습니다. 앤더슨은 그런 아이가 마음에 들지 않아 항상 화를 내며 꾸짖었습니다.

힘들었던 5년간의 수습 기간이 끝나고 로빈슨이 독립할 때가 되었습니다. 그는 어떻게 살아가야 할지 걱정이 되어 점쟁이를 찾아갔습니다. 술에 취한 여자 점쟁이는 게슴츠레한 눈으로 수정 구슬을 들여다보며 말했습니다. "젊은이, 당신은 손자손녀를 볼 때까지 오래 살 것이네." 술에 취한 점쟁이가 지껄인 말이었지만, 로빈슨에게는 처음으로 삶과 죽음 그리고 죽음 너머에 있는 것을 깊이 생각하는 계기가 되었습니다.

그날 이후, 로빈슨은 괴로운 나날을 보냈습니다. 풀리지 않는 인생의 많은 문제들로 고통스러운 시간을 보내던 어느 날, 유명한 부흥사 조지 휫필드 목사가 인도하는 집회에 참석하게 되었습니다. 당시 신대륙에서 복음의 새바람을 일으키던 휫필드 목사가 고국인 영국을 방문한 것입니다. 그날 휫필드 목사는 큰 소리로 마태복음 3장 7절 말씀을 토대로 "곧 다가올 하나님의 분노"에 대해 경고하는 말씀을 선포했습니다.

그날 밤 하나님은 젊은 로빈슨을 꼼짝 못하게 사로잡으셨습니다. 하나님의 말씀을 거부할 수 없었던 로빈슨은 가진 것이라고는 하나 없는 볼품없는 자신을 주님께 드리기로 결심했습니다. 그리고 하나님께 철저히 회개하며 간절히 기도했습니다. "주님, 벌레만도 못한 저를 사용해 주십시오. 주님께 제 모든 것을 바치겠습니다. 그리고 주님을 위한 사역을 다 마치고 죽음의 날이 왔을 때 편안하게 하나님께 갈 수 있도록 인도해 주십시오."

배운 것이라고는 형편없는 이발 기술밖에 없었던 그를 하나님이 사용하셨습니다. 주님을 영접한 로빈슨은 주님의 뜻을 바로 알기 위해 몇 년 동안 혼자서 신학을 공부했습니다. 그 후 지역교회로 파송되어 말씀을 전하기 시작했습니다. 점쟁이를 만나 혼란에 빠졌던 소년이 하나님의 은혜로 복음을 선포하는 유명한 사역자가 된 것입니다. 23세의 젊은 나이에 목회를 하던 어느 날, 모든 복의 근원이 되시는 하나님의 은혜가 감사함으로 밀려왔습니다. 그때 무릎 꿇고 주님을 갈망하는 마음으로 글을 썼습니다. 이것이 바로 "복의 근원 강림하사"입니다.

> 복의 근원 강림하사 찬송하게 하소서.
> 한량없이 자비하심 측량할 길 없도다.
> 천사들의 찬송가를 내게 가르치소서.
> 구속하신 그 사랑을 항상 찬송합니다.

이 찬송은 하나님 자체가 복의 근원이심을 선포하고 있습니다. 그리고 복 되신 주님께서 우리에게 오실 것을 간청하며, 자기의 심령이 주님을 찬양하게 해달라고 간구하고 있습니다. 찬양도 자기 힘으로 할 수 있는 것이 아닙니다. 주님께서 마음을 움직이실 때 가능한 것입니다. 주님의 자비하심은 그 무엇으로도 측량할 길이 없습니다. 주님의 자비로운 사랑은 하늘을 두루마리 삼고 바다를 먹물로 삼아도 다 기록할 수 없을 정도로 큽니다.

로빈슨 목사는 "하나님께 이 몸을 바칩니다. 마음껏 사용해 주십시오. 그리고 다 사용한 후 주님 곁에 편안히 갈 수 있도록 인도해 주십시오."라고 기도한 대로 강력한 복음의 증인이 되었습니다.

로빈슨 목사는 54세 되던 해, 잉글랜드 버밍햄에서 저명한 프리스틀리 박사를 대신해 복음을 선포했습니다. 그런데 다음날 아침 프리스틀리 박사가 로빈슨이 묵고 있는 방을 노크했을 때 아무런 반응이 없었습니다. 하나님께서 일생 동안 열심히 주님의 길을 달려간 로빈슨의 생명을 거두신 것입니다. 로빈슨의 기도대로 그는 주님 곁으로 편안히 돌아갔습니다.[31]

> **내 주의 나라와** 새 208 · 통 246
>
> 작사_티모시 드와이트(Timothy Dwight, 1752-1817)
> 작곡_아론 윌리엄스(Aaron Williams, 1731-1776)
>
> • • •
>
> 1. 내 주의 나라와 주 계신 성전과, 피 흘려 사신 교회를 늘 사랑합니다.
> 2. 내 주의 교회는 천성과 같아서, 눈동자 같이 아끼사 늘 보호하시네.
> 3. 이 교회 위하여 눈물과 기도로, 내 생명 다하기까지 늘 봉사합니다.
> 4. 성도의 교제와 교회의 위로와, 구주와 맺은 언약을 늘 기뻐합니다.
> 5. 하늘의 영광과 베푸신 은혜가, 진리와 함께 영원히 시온에 넘치네.

45 대학 총장이 쓴 찬송

티모시 드와이트(Timothy Dwight)라는 같은 이름을 가진 두 사람이 있었습니다. 우연히도 둘은 모두 미국인 목사였고, 예일대학의 총장을 지냈습니다. 그중 한 드와이트는 1795년부터 1817년까지 총장을 맡았고, 다른 드와이트는 1886년부터 1898년까지 총장을 맡아 예일대학을 단과대학에서 종합대학으로 승격시켰습니다.

먼저 총장을 지낸 드와이트 총장은 강단에 오를 때마다 한 손에 성경을 들고 있었습니다. 또 학생들의 영성운동에 관심을 가져 영적 부흥을 위한 대학부흥회를 정기적으로 열었습니다.

드와이트는 어려서 천연두를 앓은 데다 새벽마다 촛불을 켜 놓고 무리하게 공부한 나머지 시력이 악화되어 30분도 계속해서 책을 읽을 수 없었습니다. 심각한 시력장애가 있었지만, 그것이 그의 다재다능한 활동을 멈추게 할 수는 없었습니다. 그는 농부이자 목사였고, 편집자이자 시인이었으며, 주 의회 의원이자 연설가였고, 교육자이자 대학의 총장으로서 탁월한 지도력을 발휘했습니다.

드와이트는 바쁜 중에도 여러 권의 책을 썼는데, 무엇보다도 하나님을 찬양하기 위해 찬송가 책을 발행했습니다. 예일대학 총장이 되자마자 찬송 작업을 시작해, 1797년에는 와츠의 『시와 찬송』을 재편집하여 미국 교회가 사용할 수 있게 했습니다.

신앙이 돈독했던 드와이트 총장은 하나님의 교회를 사랑했습니다. 그래서 아무리 바쁘더라도 교회를 최우선으로 생각했습니다. 그는 거룩한 하나님의 교회를 떠올리며 찬송을 썼는데, 그것이 바로 찬송 "내 주의 나라와"(새 208)입니다.

> 내 주의 나라와 주 계신 성전과
> 피 흘려 사신 교회를 늘 사랑합니다.
> 내 주의 교회는 천성과 같아서
> 눈동자같이 아끼사 늘 보호하시네.

19세기 초까지 미국 교회가 발행한 찬송가 책에는 한 곡을 제외하고는 모두 운율 시편가였습니다. 운율 시편가가 아닌 유일한 찬송 한 곡이 바로 드와이트가 지은 "내 주의 나라와"입니다. 인간이 만든 찬송은 하나님께 영감받아 쓴 시편과 비교할 수 없다는 생각에서 주로 시편만을 노래한 것입니다.

미국 최초의 출판물, 시편가와 찬송 부르기

미국에서 최초로 불린 시편가는 여러 갈래로 나뉘어 신대륙에 들어왔습니다. 1579년 캘리포니아 연안에 도착한 드레이크 경(Francis Drake) 일행이 선박을 수리하기 위해 5주 동안 머물면서, 북미 원주민들과 함께 예배를 드리며 영국의 시편가를 부른 것이 미국에서는 처음으로 시편가가 불린 것입니다.

신대륙에 도착한 청교도들은 하나님께 예배 드리기 위해 제일 먼저 교회를 짓고, 그 다음에 학교를 지었으며, 마지막으로 가정을 꾸릴 집을 지었습니다. 청교도들의 삶의 중심은 늘 하나님이었습니다. 그래서 그들이 가장 먼저 발행한 미국의 공식 출판물 역시 하나님을 찬양하는 찬송가 책이었습니다.

1630년경 보스턴 지역으로 이주해 온 청교도들이 정착한 지 10년쯤 지나자 어느 정도 생활이 안정되어 갔습니다. 그때 미국 역사상 처음으로 찬송집 『베이 시편가』(*Bay Psalm Book*, 1640)를 발행했습니다. 가사판인 이 책에는 여섯 개의 운율 형태가 사용되었습니다.[32] 악보판은 1698년에 발행되었고, 이것은 18세기 말까지 불렀습니다.

　악보로 된 시편가가 발행되었지만 찬송을 부르는 환경은 나아지지 않았습니다. 그래서 시편가를 부활시키고 찬송 부르기를 개선하기 위한 운동이 18세기 초 뉴잉글랜드에서 일어났습니다. 이것이 '가창학교'의 시작입니다. 회중은 악보를 읽을 수 없어 찬송 인도자의 선창을 그대로 따라해야 했습니다. 노래에 재능 있는 선창자가 한 악구를 노래하면 회중은 그대로 따라불렀습니다. '따라부르기 방법'은 구전으로 전해졌는데, 찬송을 인도하는 선창자의 음악적 지식과 재능이 천차만별이었기 때문에 시간이 흐를수록 찬송 곡조는 변할 수밖에 없었습니다. 젊은 목사들을 중심으로 시편가 부르기의 퇴보를 극복하려는 움직임이 일어났는데, 이 새로운 운동은 '정식 찬송 부르기' 또는 '악보대로 부르기'라 불렸습니다.

　이 운동은 회중찬송 부르기를 활성화하여 예배에 생동감이 넘치게 했습니다. 또 학교 교과과정에 정규과목으로 포함되어 음악교육에까지 많은 영향을 미쳤습니다. 무엇보다도 성가대를 탄생시켜 전반적으로 예배음악의 발전을 가져왔습니다.

전능하신 주 하나님 새 377 · 통 451

작사 _ 윌리엄 윌리엄스 팬티셀린(William Williams Pantycelyn, 1717-1791)
작곡 _ 존 휴스(John Hughes, 1873-1932)

• • •

1. 전능하신 주 하나님 나는 순례자이니, 나는 심히 연약해도 주는 강하옵니다. 하늘 양식 하늘 양식 먹여주시옵소서 먹여주시옵소서.

2. 수정 같은 생명수를 마시도록 하시며, 불과 구름 기둥으로 나를 인도하소서. 나의 주여 나의 주여 힘과 방패 되소서 힘과 방패 되소서.

3. 요단 강을 건널 때에 겁이 없게 하시고, 저기 뵈는 가나안 땅 편히 닿게 하소서. 영원토록 영원토록 주께 찬양하리라 주께 찬양하리라.

46 죽음만이 설교를 멈추게 하다

윌리엄 윌리엄스(William Williams)는 원래 의학을 공부했습니다. 그런데 삶의 방향을 완전히 바꿔 목회자가 되었습니다. 그는 영국국교회에 속해 있었는데, 국교회를 반대하는 존 웨슬리, 조지 휫필드, 호엘 해리스에게 비판을 받았습니다. 비국교도는 헛간과 목장 같은 곳에서 설교했는데, 윌리엄스는 이러한 것을 단순한 심리적 작전이라고 평가했습니다.

나중에 윌리엄스는 칼빈주의적 감리교도와 합류했습니다. 그는 웨일스 전역을 자유롭게 다니며 말씀을 선포했습니다. 43년 동안 15만 킬로미터를 자동차 없이 다니며 복음을 전했습니다.

그의 열정적인 설교는 수만 명의 사람들을 끌어 모으기에 충분했습니다. 그에 대한 소문이 웨일스 전역에 퍼지자 전국에서 수많은 사람들이 몰려들었습니다.

마이크와 앰프가 발명되기 전인 18세기에, 그는 한 번에 8만여 명의 성도에게 말씀을 전하고 내려왔습니다. 그는 일기장에 그날의 경험을 이렇게 적었습니다. "하나님께서 큰 힘과 능력을 주셔서 그곳의 모든 사람이 내 목소리를 또렷이 들을 수 있었다." 그는 태양빛에 그을리고, 비바람에 흠뻑 젖고, 폭설을 헤치며 말씀을 전하러 다녔습니다. 또 폭력배에게 두들겨맞기도 했지만, 74세 되던 해 찾아온 죽음만이 그의 설교를 멈추게 했습니다.

윌리엄스는 웨일스의 부흥에 공헌한 복음전도자입니다. 그가 웨일스의 복음 찬송에 미친 영향력이 크기 때문에 사람들은 그를 '웨일스의 와츠'라고 부릅니다. 찬송하는 것을 좋아한 그는 그것을 사명으로 알고 웨일스어뿐 아니라 영어로도 100여 편의 찬송시를 썼습니다. 특히 윌리엄스는 노래 부르기를 좋아하는 웨일스 사람들을 위해 자국어로 노래할 수 있도록 800여 편의 찬송을 작사했습니다. 그중 하나가 "전능하신 주 하나님"(새 377)입니다.

윌리엄스의 찬송은 정신, 특징, 비유적 표현, 감정 표현의 형태가 히브리 시와 닮았습니다. 이 찬송은 그가 쓴 작품 중 최고의 작품으로 평가됩니다. 우리가 사용하고 있는 찬송가에는 윌리엄스의 동일한 찬송이 376장과 377장에 나옵니다. 가사는 같지만 곡조를 다르게 부르고 있습니다. 원문을 번역한 두 찬송의 가사와 운율(숫자)을 비교해 보면 흥미롭습니다.

새 376(운율: 8.7.8.7.4.7.4.7)
나그네와 같은 내가(8) 힘이 부족하오니(7)
전능하신 나의 주여(8) 내 손 잡고 가소서(7)
하늘 양식(4) 내게 먹여주소서(7)
하늘 양식(4) 내게 먹여주소서(7)

새 377(운율: 8.7.8.7.8.7.7)
전능하신 주 하나님(8) 나는 순례자이니(7)
나는 심히 연약해도(8) 주는 강하옵니다(7)
하늘 양식, 하늘 양식(8) 먹여주시옵소서(7)
먹여주시옵소서(7)

찬송에 나타난 운율

 시를 읊으면 음악적 감각을 느낄 수 있습니다. 이것을 느끼게 하는 운율은 시적 감정과 흥미를 불러일으키는 중요한 요소입니다. '운'(rhyme)은 같거나 비슷한 소리가 일정한 위치에 규칙적으로 반복하여 나타나는 것이며, '율'(meter)은 수량적으로 반복되어 나타나는 소리의 고저, 장단, 강약을 의미합니다. 우리말 시는 '운'보다는 '율'로 시의 특징이 표현됩니다.

찬송마다 운율이 숫자로 표기되어 있습니다. 시의 모음 하나가 운율 1입니다. 예를 들면, '하나님 아버지'는 6음절입니다. 기본적으로 사용된 운율은 6.6.8.6 구성인 단운율, 8.6.8.6 구성인 보통운율 그리고 8.8.8.8로 구성된 장운율 등입니다.[33]

우리나라 고전시는 3.4조와 4.4조가 일반적이며, 현대시는 7.5조가 많습니다. 찬송시를 예로 들면, "기뻐하며 경배하세 / 영광의 주 하나님"(새 64)은 8.7조입니다. 숫자로 표기된 운율은 찬송 곡조에 다른 가사를 붙여 노래하기 좋은 자료입니다.

설교자는 설교 시간에 이런 방법을 적용할 수 있습니다. 간단한 찬송시를 지어 운율이 같은 찬송을 찾아 효과적으로 고백하게 할 수 있습니다. '노래 가사 바꿔 부르기'를 시도해 봅시다. 설교를 마무리할 때 설교자가 지은 가사로 회중이 고백하거나 결단을 표현할 수 있습니다. 실제로 오래전부터 많은 설교자들이 말씀을 효과적으로 전달하기 위해 찬송을 사용해 왔습니다.

내 갈 길 멀고 밤은 깊은데 새 379 · 통 429

작사 _ 존 뉴먼(John Henry Newman, 1801-1890)
작곡 _ 존 다익스(John Bacchus Dykes, 1823-1876)

· · ·

1. 내 갈 길 멀고 밤은 깊은데 빛 되신 주
   저 본향 집을 향해 가는 길 비추소서.
   내 가는 길 다 알지 못하나, 한걸음씩 늘 인도하소서.

2. 이전에 방탕하게 지낼 때 교만하여
   맘대로 고집하던 이 죄인 사하소서.
   내 지은 죄 다 기억 마시고, 주 뜻대로 늘 주장하소서.

3. 이전에 나를 인도하신 주 장래에도
   내 앞에 험산 준령 만날 때 도우소서.
   밤 지나고 저 밝은 아침에, 기쁨으로 내 주를 만나리.

47 바다 한가운데 멈춰 선 배

　존 뉴먼(John Newman)은 영국 런던 출신입니다. 그는 옥스퍼드 대학을 중심으로 일어난 영국국교회 개혁운동인 '옥스퍼드 운동'의 주동자였습니다.[34] 그 일로 건강이 악화되자 32세의 젊은 뉴먼은 그해 여름 휴식을 위해 잠시 이탈리아의 시칠리아 섬에 머물렀습니다. 휴양을 떠난 뉴먼은 설상가상으로 그 지역에서 유행하는 열병에 걸려 3주 동안 꼼짝도 못하고 침대에 누워 지내야만 했습니다. 죽을 고비를 넘긴 그는 영국으로 돌아가기 위해 배를 찾았지만, 선편이 없어 3주를 그냥 기다려야만 했습니다.

　그러다 프랑스 마르세유로 가는 과일 운송선에 몸을 실었습니다. 한참 고향으로 향하고 있는데 바람이 없어 배가 지중해 한가운데 멈춰 서고 말았습니다. 돛을 올렸지만 일주일간 미풍도 없어 배는 꼼짝하지 못했습니다. 뉴먼은 과일 운송선의 오렌지를 아껴 먹으며 바람이 불기를 기다리는 수밖에 없었습니다. 어쩌면 바다 한가운데서 굶어 죽을 수도 있는 상황이었습니다. 연약한 육신과 연이은 힘든 상황으로 그는 우울증을 앓았습니다.

　뉴먼은 늘어진 몸을 일으켜 선실로 내려가 무릎을 꿇었습니다. 기도 중에 "환난 중에 여호와께 부르짖으매 그들의 고통에서 구원하시되 흑암과 사망의 그늘에서 인도하여 내시고 그들의 얽어맨 줄을 끊으셨도다"(시 107:13-14)라는 말씀이 뇌리를 스쳤습니다. 뉴먼은 자신이 당하는 고난뿐 아니라 갈 길을 잃은 조국을 생각하며 하나님께 부르짖었습니다. "친절한 빛 되신 주님이여, 날 인도하소서…." 이 시가 바로 찬송 "내 갈 길 멀고 밤은 깊은데"입니다.

　　　친절한 빛이여, 에워싸인 어둠에서 날 인도하소서.
　　　집은 너무 멀고 밤이 어두우니 날 인도하소서.
　　　멀리까지 볼 수 있도록 간구하지 않으니 내 발걸음 지키소서.
　　　내겐 한 걸음만으로도 만족하나이다.

이 찬송은 뉴먼이 처한 환경을 그대로 표현하고 있습니다. 하나님은 처음부터 끝을 보여주시지 않고, 한 번에 한 걸음씩 길을 보여주시는 분임을 깨닫고 한 걸음씩 인도해 주실 것을 간청하고 있습니다.

또 이 찬송은 과거의 잘못을 뉘우치고 있습니다. 지나온 인생길에서 잘못된 교만과 아집에 대한 용서를 구하며, 주님의 뜻대로 주장해 주실 것을 기도하고 있습니다. 또 주님만이 미래의 소망이심을 알고 의지합니다. 다시 험한 산 같은 어려움을 만나더라도 도와주시기를 구하며, 천국의 소망을 가지고 살아가겠다는 굳은 의지를 표현하고 있습니다.

우리가 잘 알고 있는 복음성가 "내일 일은 난 몰라요" 역시 주님을 의지하는 노래입니다. 우리는 내일 일을 모르지만 인도자 되신 주님 곁에서 걸으면 아무 염려가 없습니다. 그분은 나를 아시고 나는 그분을 알기 때문입니다. 이 노래를 지은 아이라 스탠필(Ira Stanphill)은 어려움에 처했을 때 "내일 일은 난 몰라요"라고 고백했습니다.

> 내일에 대해 난 몰라요.
> I don't know about tomorrow,
>
> 그저 하루하루를 살아가지요.
> I just live from day to day.
>
> 내일의 햇빛을 빌려 살지는 않아요.
> I don't borrow from its sunshine,

내일은 하늘이 흐려질 수도 있으니까요.
For its sky may turn gray.

미래에 대해 난 걱정하지 않아요.
I don't worry o'er the future,

예수님이 말씀하신 것을 알기 때문이죠.
For I know what Jesus said,

오늘 그분 옆에서 걷겠어요.
And today I'll walk beside Him,

그분은 앞길을 아시니까요.
For He knows what lies ahead.

내일에 관한 많은 것들을
Many things about tomorrow,

난 이해할 수 없는 듯하지만
I don't seem to understand;

누가 내일을 주관하고 계신지 나는 알고
But I know who holds tomorrow,

누가 내 손을 붙잡고 계신지 나는 알아요. (원문 직역)
And I know who holds my hand.

우리의 미래를 주관하시고, 우리의 손을 붙잡고 있는 분은 바로 주님이십니다.

못 박혀 죽으신 새 385 · 통 435

작사 _ 레이 파머(Ray Palmer, 1808-1887)
작곡 _ 로웰 메이슨(Lowell Mason, 1792-1872)

• • •

1. 못 박혀 죽으신 하나님 어린양 믿습니다.
   죄 속함 받고서 이 몸과 맘 드려 간절히 빌 때에 들으소서.

2. 풍성한 은혜로 약한 맘 도우사 열심 주고
   날 대속했으니 주 사랑하는 맘 불같이 뜨겁게 하옵소서.

3. 이 세상 어두워 길 찾지 못하니 인도하사
   내 슬픈 눈물을 다 씻어주시고 그 밝은 빛으로 이끄소서.

4. 내 생명 꿈같이 이 세상 떠날 때 부르시고
   사랑을 베푸사 평안케 하시며 영생을 누리게 하옵소서.

48 다시 불타오른 사랑

로웰 메이슨(Lowell Mason)은 미국의 대도시 보스턴에서 가장 바쁜 사람 중 한 명이었습니다. 그는 합창단을 이끌며, 공립학교에서 음악을 가르쳐야 한다고 주장한 미국 음악교육의 선구자였습니다. 또 작곡가로서 주옥 같은 작품을 쓰며 미국 역사상 찬송가 발전에 상당한 영향력을 미쳤습니다.

그가 보스턴에서 연주단체 '헨델과 하이든 협회'를 이끌고 있을 때였습니다. 그 당시 메이슨은 새로운 찬송가 책을 편집하기 위해 자료를 모으고 있었습니다. 어느 날 길을 가다가 우연히 한 젊은이를 만났습니다. 바로 아마추어 작가 레이 파머(Ray Palmer)였습니다.35)

파머는 지난 10년간 무척이나 고달픈 삶을 살았습니다. 오랫동안 고향을 떠나 여학교에서 학생들을 가르치는 한편, 예일대학에서 신학을 공부하느라 지칠 대로 지쳐 있었습니다. 파크 스트리트 회중교회에서 소명을 깨닫고 목회자가 되기로 결심한 그였지만, 이제는 어릴 적부터 가져왔던 믿음까지도 포기할 지경이었습니다.

그런데 그가 잠시 포목점 점원으로 일하고 있을 때였습니다. 어느 날 십자가에서 구원받은 강도에 관한 독일시를 번역하다가 주님을 새롭게 만나게 되었습니다. 갈보리 십자가에 달리신 주님을 묵상할 때 강한 믿음이 솟구친 것입니다. 그를 위해 십자가에 달리신 주님이 찾아오셔서 그를 무릎 꿇게 한 것입니다.

그날 밤 못 박혀 죽으신 주님의 은혜에 사로잡힌 것은 그의 인생 목적을 확고하게 다지는 사건이었습니다. 그날부터 그는 흔들리지 않는 주님의 것이 되게 해 달라고 기도했습니다. 그는 미지근했던 믿음을 회개하며, 주님을 온전히 의지하는 한 편의 시를 작은 수첩에 적었습니다. 그리고 그 시를 늘 가지고 다녔습니다.

작곡가 메이슨과 작가 파머의 만남은 파머가 하나님을 뜨겁게 체험하고 2년이 지난 후에 일어났습니다. 길에서 우연히 만나 이야기를 주고받다가, 메이슨이 파머에게 새로운 찬송가 책에 넣을 시를 써달라고 부탁한 것입니다. 그때 파머는 항상 지니고 다니던 작은 수첩을 꺼내 하나님을 새롭게 만났을 때 지은 시를 건네주었습니다.

시를 읽어본 메이슨은 다이아몬드를 본 듯 눈이 휘둥그레졌습니다. 그는 가까운 가게에서 종이와 펜을 빌려 그 시를 단숨에 베껴 썼습니다. 그리고 수첩을 돌려주며 말했습니다. "파머 씨, 앞으로 좋은 일을 많이 할 거라 믿어요. 하지만 후세 사람들은 레이 파머를 '못 박혀 죽으신 하나님 어린양'의 작가로만 기억하게 될 겁니다." 찬송 "못 박혀 죽으신"(새 385)이 바로 젊은 파머가 작곡가 메이슨에게 건네준 시입니다.

> 내 믿음이 주님을 바라보네.
> 갈보리의 어린양 주님, 나의 구세주!
> 내가 기도할 때 귀기울이시고
> 내 모든 죄악 없애주소서.
> 오, 내가 이날로부터
> 주님의 것이 되게 하소서. (원문 직역)

이 찬송은 주님의 은혜를 구하는 기도입니다. 각 절의 마지막 행에 간절한 마음이 나타나 있습니다. '간절히 빌 때에 들으소서'

'불같이 뜨겁게 하옵소서' '그 밝은 빛으로 이끄소서' '영생을 누리게 하옵소서' 하나님의 주권에 의지하여 믿음으로 천국에 이르러 영생을 누릴 수 있도록 기도하고 있습니다.

찬송에 나타난 '하나님의 어린양' '대속' '밝은 빛' '영생' 등은 하나님의 주권에 대한 핵심적인 낱말입니다. 이 찬송 마지막 절의 영어 원문은 "꿈같이 무상한 인생이 끝나고, 차갑고 침울한 죽음의 물결이 나를 에워쌀 때, 구세주여 사랑을 베푸사 공포와 두려움에서 나를 구하시고, 구원받은 영혼을 안전한 곳으로 이끌어 주소서"입니다. 하나님의 주권에 대한 강조가 이 절에서 절정을 이루고 있습니다.

찬송시를 베껴 온 메이슨은 그날 밤 파머가 쓴 명작에 음악을 붙였습니다. 메이슨의 말은 옳았습니다. 파머 목사는 수첩에 적어 놓은, 하나님께 신앙을 고백한 시 한 편으로 역사에 기록되었습니다. "못 박혀 죽으신" 만큼 세상에 널리 알려진 찬송도 드뭅니다.

이 죄인을 구원하기 위해 십자가에 못 박혀 돌아가신 주님을 찬양합니다. 이 세상 사는 동안 주님만을 사랑하는 마음이 불같이 타오르게 하소서.

선한 목자 되신 우리 주 새 569 · 통 442

작사 _ 도로시 트럽(Dorothy Ann Thrupp, 1779-1847)
작곡 _ 윌리엄 브래드버리(William Batchelder Bradbury, 1816-1868)

• • •

1. 선한 목자 되신 우리 주 항상 인도하시고
   푸른 풀밭 좋은 곳에서 우리 먹여주소서.
   선한 목자 구세주여 항상 인도하소서.

2. 양의 문이 되신 예수여 우리 영접하시고
   길을 잃은 양의 무리를 항상 인도하소서.
   선한 목자 구세주여 기도 들어주소서.

3. 흠이 많고 약한 우리를 용납하여 주시고
   주의 넓고 크신 은혜로 자유 얻게 하셨네.
   선한 목자 구세주여 지금 나아갑니다.

4. 일찍 주의 뜻을 따라서 살아가게 하시고
   주의 크신 사랑 베푸사 따라가게 하소서.
   선한 목자 구세주여 항상 인도하소서.

49 목숨을 지켜준 찬송

"아주 단순한 찬송도 사람의 마음을 녹일 수 있습니다." 복음가수 생키(Ira Sankey)의 말입니다. 생키는 미국 남북전쟁이 한창일 때 북군 병사로 참전했습니다. 생키가 메릴랜드 지역에서 보초를 서던 어느 날 밤, 북군 진영으로 침입한 남군 병사가 그를 향해 총을 겨누었습니다. 콧노래를 부르며 보초를 서고 있던 생키는 아무렇지도 않은 듯, 조금 더 크게 "선한 목자 되신 우리 주 항상 인도하시고, 푸른 풀밭 좋은 곳에서 우리 먹여 주소서…" 하고 찬송을 끝까지 불렀습니다. 그런데 총구를 겨누던 병사는 무슨 생각을 했는지 총을 슬그머니 내려놓고는 급히 사라졌습니다. 선한 목자 되신 주님이 전쟁터에서 생키의 목숨을 지켜주신 것입니다.

남북전쟁이 끝나고 남군 병사였던 그 젊은이는, 어느 날 드와이트 무디 목사가 전국을 순회하며 인도하는 전도 집회에 참석했습니다. 무디가 설교하기 전 아름다운 목소리의 가수가 찬송을 불렀습니다. 자세히 들어보니 전쟁터에서 듣고 감동했던 북군 병사의 목소리와 비슷했습니다. 집회가 끝나고 젊은이는 노래를 부른 청년을 찾아갔습니다.

"혹시 남북전쟁 때 메릴랜드 지역에서 그 찬송을 부르지 않았습니까?" 생키는 깜짝 놀라 되물었습니다. "그걸 어떻게 알지요?" 그 당시 총을 겨누었던 젊은이는 그때의 심정을 털어놓았습니다. "사실은 제가 당신을 향해 총구를 겨누고 방아쇠를 막 당기려는 순간, 당신의 입에서 찬양이 흘러나왔습니다. 그때 당신의 노랫소리를 듣고 어릴 적 어머니가 부르시던 찬송이 생각났습니다. 그래서 도저히 방아쇠를 당길 수 없었습니다." 두 사람은 그곳까지 인도하신 '여호와 이레'의 하나님께 감사하며 함께 찬송을 불렀습니다. 그 찬송이 바로 "선한 목자 되신 우리 주"입니다.

선한 목자 되신 우리 주 항상 인도하시고

푸른 풀밭 좋은 곳에서 우리 먹여주소서.

선한 목자 구세주여 항상 인도하소서.

선한 목자 구세주여 항상 인도하소서.

이 노래는 선한 목자 되신 주님의 인도를 소망하는 찬송입니다. 예수님은 자신이 참 목자라고 말씀하십니다. "나는 양들이 생명을 더욱 풍성히 얻게 하기 위해 왔다. 나는 선한 목자다. 선한 목자는 양을 위하여 자기 목숨을 내놓는다. 품삯을 받고 양을 돌보는 사람은 사실 목자가 아니며, 양도 자기 양이 아니다. 그 사람은 늑대가 오는 것을 보면, 양만 남겨 두고 멀리 도망가 버린다. 그러면 늑대는 양을 공격하여 양들을 흩트린다…. 나는 선한 목자다. 나도 내 양을 알고, 내 양도 나를 알아본다. 아버지께서 나를 아시듯이 나도 아버지를 안다. 그리고 나는 양을 위하여 목숨을 내놓는다."(요 10:10-15, 쉬운성경).

우리는 기쁠 때도 고난 중에도 목자이신 주님을 찬양해야 합니다. 성경은 우리가 찬양해야 할 시간과 장소에 대해 구체적으로 말합니다. 예배할 때만 찬양하라고 하지 않습니다. 성소뿐 아니라 우리가 머무는 모든 시간과 장소에서 찬양하라고 명령합니다. 우리는 '가정에서'(행 2:46-47), '침상에서'(시 149:5), '전쟁터에서'(대하 20:21), '옥중에서'(행 16:25), '해 돋는 데서부터 해 지는 데까지'(시 113:3) 시간과 공간을 초월해서 하나님을 찬양해야 합니다.

사도 바울은 "내가 영으로 기도하고 또 마음으로 기도하며 내가 영으로 찬송하고 또 마음으로 찬송하리라"(고전 14:15)고 말합니다. 영과 마음으로 찬양할 때 하나님을 감동시키고 사람을 움직일 수 있습니다. 바울과 실라가 영으로 노래했을 때 구원의 역사가 일어났고, 전쟁터에서 부른 생키의 노래는 그의 목숨을 지켜주었습니다.

마음으로 노래한다는 것은 이성으로 가사를 이해하고 노래하는 것입니다. 찬송 가사를 생각하지 않고 단순히 음악에 취해 부르는 찬양은 하나님이 받으시지 않습니다. 이때는 찬양의 대상이 하나님이 아니기 때문입니다.

이 찬송은 미국의 윌리엄 브래드버리가 작가의 이름이 없는 시 한 편을 발견하여 곡을 붙인 것입니다. 이 찬송 가사는 도로시 트럽(Dorothy Thrupp) 여사가 편찬한 『어린이 찬송집』(Hymns for the Young, 1836)에 작사자의 이름 없이 출판되었던 것입니다. 이 곡은 수많은 찬송을 작곡하며 미국의 초기 복음찬송가 발전에 크게 기여했던 브래드버리가 곡을 붙여 세상에 나오게 되었습니다.

때 저물어서 날이 어두니 새 481 · 통 531

작사_헨리 라이트(Henry Francis Lyte, 1793-1847)
작곡_윌리엄 몽크(William Henry Monk, 1823-1889) [36]

· · ·

1. 때 저물어서 날이 어두니, 구주여 나와 함께하소서.
   내 친구 나를 위로 못할 때, 날 돕는 주여 함께하소서.

2. 내 사는 날이 속히 지나고, 이 세상 영광 빨리 지나네.
   이 천지만물 모두 변하나, 변찮는 주여 함께하소서.

3. 주 홀로 마귀 물리치시니, 언제나 나와 함께하소서.
   주같이 누가 보호하리까, 사랑의 주여 함께하소서.

4. 이 육신 쇠해 눈을 감을 때, 십자가 밝히 보여주소서.
   내 모든 슬픔 위로하시고, 생명의 주여 함께하소서.

50 우리에겐 부족함이 없다

　스코틀랜드 출신 헨리 라이트(Henry Lyte) 목사는 어느 주일 오후, 답답하고 무거운 마음으로 영국 브릭스햄의 바닷가를 천천히 걷고 있었습니다. 지금의 산책이 그곳에서의 마지막 산책이라는 것을 알았기 때문입니다. 폐질환을 앓던 라이트 목사는 30세 때, 갯바람을 쐬면 건강이 회복될까 하여 그곳으로 옮겨와 작은 교회를 맡았습니다. 그러나 20여 년이 지나도 병세는 좀처럼 나아지지 않았습니다. 의사는 그에게 영국을 떠나 따뜻한 이탈리아로

이주할 것을 권했습니다.[37]

라이트 목사는 그날 주일예배에서 자신과 20년 넘게 함께해 온 교인들에게 마지막 성찬식을 행했습니다. 그의 마지막 설교는 들릴 듯 말 듯 힘이 없었습니다. 그가 작은 목소리로 "하나님께 항상 감사하십시오. 그리고 그분께 죽음을 맡기고 앞으로 맞게 될 엄숙한 시간을 준비하기를 바랍니다."라며 설교를 마쳤을 때, 모두가 진한 감동을 받았습니다.

예배를 마치고 그는 20여 년간 걸어온 친숙한 바닷가에서 마지막 산책을 하고 있었습니다. 그리고 기쁨과 슬픔을 함께 나눈 오랜 친구들을 떠올렸습니다. 이제 이탈리아에 가면 친구 한 명 없는 외로운 나날이 될 것이라는 생각에 슬픔이 밀려왔습니다. 그러나 삶과 죽음 그 어디든지 함께하는 친구 되신 예수님이 계시다는 것이 위로가 되었습니다.

브릭스햄의 해변을 천천히 걸으며, 라이트 목사는 하나님과 깊은 대화를 나눴습니다. 그리고 그가 전한 마지막 설교를 떠올리며 여생을 하나님께 맡기는 기도를 종이에 적었습니다. 이 글이 바로 찬송 "때 저물어서 날이 어두니"(새 481)입니다.

이 찬송은 주님만이 인도자 되심을 고백하며, 삶의 황혼길에 서서 주님의 동행을 간절히 구하고 있습니다. 주님은 변함없이 우리와 동행하시는 분입니다. 주님만이 마귀의 유혹을 물리칠 수 있는 힘을 주시고 우리를 보호해 주십니다. 이 세상의 달려갈 길을 다 가고 육신의 눈을 감을 때 빛과 생명 되신 주님만이 우리와 함께하십니다.

라이트 목사는 브릭스햄을 떠난 지 두 달 후, 이탈리아에 도착하지도 못한 채 프랑스 남부에서 세상을 떠났습니다. 이 찬송은 세상뿐 아니라 하늘나라에 갈 때까지 주님의 동행을 바라는 우리의 간절한 기도입니다.

찬송 묵상: 동행하시는 하나님(시편 23)

하나님은 인도자십니다. 인도자는 늘 함께하십니다. 가장 보배로운 믿음은 주님이 함께하신다는 사실을 끊임없이 확신하는 것입니다. 하나님은 어제나 오늘이나 영원토록 우리와 함께하십니다. 예수님이 이 땅에 오실 때 그 이름은 '임마누엘'이었습니다(사 7:14). 공생애를 마치고 하늘로 올라가실 때 "내가 세상 끝날까지 너희와 항상 함께 있으리라"(마 28:20)고 약속하셨습니다. 즉 임마누엘, 우리와 함께하시는 하나님입니다.

우리는 양입니다. 양은 제멋대로 사는 것을 좋아합니다. "우리는 다 양 같아서 그릇 행하여 각기 제 길로 갔거늘 여호와께서는 우리 모두의 죄악을 그에게 담당시키셨도다"(사 53:6). 먹이를 쫓다 보면 어느새 멀리 가게 됩니다. 해는 지고 겁에 질려 돌아다니다 보면 가시덤불에 찢기고 웅덩이에도 빠집니다. 그때 목자가 잃어버린 양을 찾아 나섭니다. 목자 되신 하나님은 우리와 동행하시며 용기를 주시고, 눈물을 닦아주십니다. 또 상처를 치유해주시고, 마른 목을 축여주십니다.

하나님은 평안을 주십니다. "내가 사망의 음침한 골짜기로 다닐지라도 해를 두려워하지 않을 것은 주께서 나와 함께하심이라 주의 지팡이와 막대기가 나를 안위하시나이다"(시 23:4). 성경은 우리가 음침한 골짜기로 다닐 수도 있다고 말합니다. 다윗은 수많은 고통과 삶의 풍파를 겪었습니다. 우리 인생도 마찬가지입니다. 겉으로 보기에는 꽤 평안해 보여도, 마음은 사망의 음침한 골짜기를 걷고 있는 사람이 얼마나 많은지 모릅니다.

우리에게는 부족함이 없습니다. "나의 평안을 너희에게 주노라 내가 너희에게 주는 것은 세상이 주는 것과 같지 아니하니라 너희는 마음에 근심하지도 말고 두려워하지도 말라"(요 14:27). 사망의 음침한 골짜기를 다니더라도 우리에게는 부족함이 없습니다. 하나님이 평안을 주시기 때문입니다. 임마누엘로 오신 예수님은 우리를 버리지 않고 끝까지 동행할 것을 약속하십니다. "볼지어다 내가 세상 끝날까지 너희와 항상 함께 있으리라"(마 28:20).

천사 찬송하기를 새 126 · 통 126

작사 _ 찰스 웨슬리(Charles Wesley, 1707-1788)
작곡 _ 펠릭스 멘델스존(Felix Mendelssohn, 1809-1847)
편곡 _ 윌리엄 커밍즈(William Hayman Cummings, 1831-1915)

* 대부분의 찬송가사는 다음에서 보듯이 성경에 근거하고 있다.

· · ·

1. 천사 찬송하기를 거룩하신 구주께   눅 2:13-14
   영광 돌려보내세 구주 오늘 나셨네.   고후 5:18
   크고 작은 나라들 기뻐 화답하여라.
   영광 받을 왕의 왕 베들레헴 나신 주.   눅 2:11

2. 오늘 나신 예수는 하늘에서 내려와   마 3:17, 롬 16:26
   처녀 몸에 나셔서 사람 몸을 입었네.   갈 4:4, 마 1:23
   세상 모든 사람들 영원하신 주님께   골 2:9, 요 1:14
   영광 돌려보내며 높이 찬양하여라.   사 7:14

3. 의로우신 예수는 평화의 왕이시고   사 9:6
   세상 빛이 되시며 우리 생명 되시네.   시 27:1, 마 5:14, 말 4:2
   죄인들을 불러서 거듭나게 하시고   요 3:3
   영생하게 하시니 왕께 찬양하여라.   요 3:16, 고전 15:51

51 우연은 없다

　존 웨슬리와 찰스 웨슬리는 하나님의 구원과 용서는 예정된 사람들에게만 주어지는 것이 아니라, 예수 그리스도를 믿음으로 받아들이는 모든 사람들이 얻을 수 있는 것이라고 주장했습니다. 칼빈주의자들이 인간의 자유의지를 부정하는 반면, 웨슬리는 인간의 자유의지를 강조했습니다. 그래서 웨슬리는 모든 인간이 구원의 대상이라는 구원의 보편성을 주장하는 알미니안주의를 따랐습니다.

그들에게 영국 성공회의 문은 굳게 닫혀 있었습니다. 그들은 알미니우스의 교리를 가르치는 '더럽고 지저분한 감리교인들'로 불렸습니다. 처음에는 예배당 안에서 가르치는 것이 허락되지 않았기 때문에 거리나 목장, 헛간 등을 가리지 않고 발걸음이 닿는 곳 어디에서든지 말씀을 전했습니다. 이러한 삶을 고난으로 여기지 않고 기쁘게 감당하던 웨슬리는 구원의 기쁨과 은혜 그리고 감사에 대한 찬양을 썼습니다.

"천사 찬송하기를"은 하나님의 사랑에 대한 찬양과 경배의 노래입니다. 1절은 거룩하신 예수님, 2절은 성육신하신 예수님, 3절은 빛과 생명 되신 예수님이 평화의 왕이시며 세상의 빛이라고 선포합니다.

이 찬송이 만들어진 과정을 보면 일상 가운데 하나님의 인도하심을 발견할 수 있습니다. 특히 찬송시가 출판된 계기와 시와 음악이 결합된 과정을 보면 모든 것을 이루시는 분이 하나님이라는 것을 알 수 있습니다.

18세기 『성공회 기도서』의 인쇄를 맡은 한 인쇄업자가 책의 빈 페이지를 채울 자료를 찾고 있었습니다. 그러던 중 "하늘이 어떻게 울리는지 들어 보아라"(Hark, how all the welkin rings!)로 시작되

는 찰스 웨슬리의 찬송시를 우연히 발견하게 되었습니다.[38]

찰스 웨슬리가 공식적으로는 성공회를 떠나지 않았기 때문에 이 인쇄공은 속사정을 모른 채 아무런 의심 없이 웨슬리의 찬송을 실었습니다. 후에 성공회의 지도자들은 웨슬리의 찬송을 기도서에서 빼내려 했지만 이미 많은 사람들에게 인기를 끌고 있어서 삭제할 수가 없었습니다.

한 세기가 지나고 1840년 독일 라이프치히에서 열린 구텐베르크 축제를 위해, 멘델스존은 오페라 풍의 "축제의 노래" (Festgesang/Gutenberg cantata, Op. 68)를 작곡했습니다. 이 곡의 2악장은 남성합창을 위한 음악으로, 두 개의 금관 편성 관현악단과 팀파니로 구성되었습니다.

시간이 흘러 1885년이 되었고, 영국의 성악가 윌리엄 커밍즈 (William Cummings)는 이 멘델스존의 곡으로 발성연습을 하고 있었습니다. 그런데 그는 이 곡의 후렴구가 왠지 웨슬리의 크리스마스 시와 잘 어울릴 것 같다는 느낌이 들어 두 작품을 합치는 작업을 했습니다. 이것이 찬송 "천사 찬송하기를"입니다.

　　천사 찬송하기를 거룩하신 구주께
　　영광 돌려보내세 구주 오늘 나셨네.
　　크고 작은 나라들 기뻐 화답하여라.
　　영광 받을 왕의 왕 베들레헴 나신 주.

만약 18세기에 한 인쇄공이 책의 빈 공간을 웨슬리의 찬송 "천사 찬송하기를"로 채우지 않았다면, 그로부터 100년 후 작곡가 멘델스존이 "축제의 노래"를 작곡하지 않았다면, 또 그로부터 45년 후 성악가 커밍즈가 그 곡으로 발성연습을 하지 않았다면, 지금 우리는 찬송 "천사 찬송하기를"로 예수님을 찬양할 수 없었을 것입니다.

참새 한 마리도 하나님이 허락하시지 않으면 땅에 떨어지지 않습니다. 하물며 하나님의 형상대로 지음받은 우리는 어떻겠습니까? 하나님은 약한 자를 들어 강한 자를 부끄럽게 하십니다. 하나님은 그분의 영광을 위해 우리의 이성으로는 도저히 상상할 수도 없는 일을 행하십니다.

우리의 삶 가운데 우연은 없습니다. 하나님의 세밀한 인도하심이 있을 뿐입니다. "사람이 마음으로 자기의 길을 계획할지라도 그의 걸음을 인도하시는 이는 여호와시니라"(잠 16:9).

참 반가운 성도여 새 122 · 통 122

작사 · 작곡 _ 존 웨이드(John Francis Wade, c. 1711-1786)

• • •

1. 참 반가운 성도여 다 이리 와서 베들레헴 성 안에 가봅시다.
   저 구유에 누이신 아기를 보고,
   (후렴) 엎드려 절하세 엎드려 절하세 엎드려 절하세 구주 나셨네.

2. 저 천사여 찬송을 높이 불러서 이 광활한 천지에 울리어라.
   주 하나님 앞에 늘 영광을 돌려,

3. 이 세상에 주께서 탄생할 때에 참 신과 참 사람이 되시려고,
   저 동정녀 몸에서 나시었으니,

4. 여호와의 말씀이 육신을 입어 날 구원할 구주가 되셨도다.
   늘 감사한 찬송을 주 앞에 드려,

52 필경사가 찬송을 짓다

지금은 상상도 못할 일이지만 19세기만 해도 글을 그대로 옮겨 적어주는 직업이 있었습니다. 그 시절 작가들은 휘갈겨 써 놓은 원고를 읽기 쉽게 다시 써주는 전문 필경사를 고용했습니다.

필적이 좋은 사람은 한곳에 머무르며 일했지만 그렇지 못한 사람들은 도시를 옮겨다녀야 했습니다. 그런데 오히려 재주가 뛰어나 여러 곳을 다니던 필경사도 있었습니다. 서유럽, 특히 프랑스와 포르투갈을 오가며 일하던 존 웨이드(John Wade)가 그런 재주

꾼 중 하나였습니다. 각국의 여러 합창단과 학교들은 다양한 언어를 알고 악보를 사보할 수 있는 웨이드가 필요했습니다.[39]

그러던 어느 해, 웨이드는 남의 작품을 옮겨 적기만 하는 일에 싫증이 났습니다. 그리고 성탄절을 앞둔 어느 날 그는 자신의 작품을 만들기로 결심했습니다. 그는 어렸을 때부터 직접 가사를 쓰고 작곡을 하여 주님을 찬양하겠다는 꿈을 품고 있었습니다.

그런데 글을 쓰고 또 써보아도 어느 것 하나 마음에 들지 않았습니다. 그래도 그는 예수님이 태어나신 베들레헴 마구간에 많은 사람들이 모여 주님께 경배하는 모습을 글로 표현하고 싶었습니다. 그는 쓰고 또 쓰기를 반복했습니다. 그러다 라틴어로 시 한 편을 완성했습니다. 웨이드는 글을 쓰는 사람이 아니었습니다. 작곡가는 더더욱 아니었습니다. 그저 악보 사보를 하면서 터득한 기술로 음표들을 하나씩 적어본 것입니다. 그러다 마침내 가사에 어울리는 곡조로 작곡까지 하게 됩니다. 그 노래가 바로 "참 반가운 성도여"입니다.

> 참 반가운 성도여, 다 이리 와서
> 베들레헴 성안에 가봅시다.
> 저 구유에 누이신 아기를 보고
> 엎드려 절하세 엎드려 절하세.
> 엎드려 절하세 구주 나셨네.

이 찬송은 모든 절이 아기 예수님의 탄생을 축하하며 경배하자는 내용입니다. 사도 바울은 우리를 위해 천한 몸을 입고 이 땅에 오신 예수님의 마음을 품으라고 권면하고 있습니다. "그분은 하나님과 똑같이 높은 분이셨지만, 결코 높은 자리에 있기를 원하지 않으셨습니다. 오히려 높은 자리를 버리시고, 낮은 곳으로 임하셨습니다. 사람의 모습으로 이 땅에 오시고 종과 같이 겸손한 모습을 취하셨습니다. 이 땅에 계신 동안 스스로 낮은 자가 되시며, 하나님께 순종하셨습니다. 예수님은 목숨을 버려 십자가에 달려 돌아가시기까지 하나님의 말씀을 따랐습니다."(빌 2:6-8, 쉬운성경).

무한히 지혜로운 하나님은 외아들을 이 땅에 보내 멸시와 천대를 받고 십자가에 달려 죽게 함으로써, 우리가 그분의 크심을 알며 우리의 작음을 알도록 구원을 설계하셨습니다. 우리는 하나님의 거룩한 뜻을 깨닫고 주님을 경배해야 합니다.

원래 라틴어로 쓰인 이 찬송은 많은 사람들이 좋아해 여러 언어로 번역되었습니다. 너무 유명한 나머지 영어만 해도 여러 번역본이 있을 정도였습니다. 나중에 가톨릭 신부가 된 카논 오클리(Canon Oakeley)가 현재 사용하는 영어로 번역해 널리 알려졌습니다. 이 찬송의 곡 이름은 '아데스테 피델레스'(ADESTE FIDELES)입니다. 이는 라틴어 가사에서 따온 것으로 '신실한 자여 이리 오라'는 뜻입니다. 세상 모든 것에 의미를 담은 이름이 있듯 찬송도 곡명이 있습니다. 곡명은 찬송 곡조에 다른 가사를 붙여 부르던 관습에서 생겨났습니다. 일종의 '노래 가사 바꿔 부르기'에서 유래한 것입니다. 찬송의 곡명에는 찬송의 여러 의미와 찬송에 얽힌 이야기까지 숨어 있습니다. 이것을 아는 것은 신앙적, 역사적, 교훈적인 유익을 얻을 수 있어 찬송을 표현하는 데 도움이 됩니다. 한국찬송가 책에는 곡명이 찬송가 오른쪽 윗부분에 운율과 함께 표기되었습니다. 곡명의 기원은 원어 제목, 가사 제목, 사람 및 장소 이름, 신학적 관점 등 여러 갈래가 있습니다.

- 원어 제목

  EIN FESTE BURG; 독일어, "강한 성"(새 585)

  ADESTE FIDELES; 라틴어, "신실한 자여 이리 오라"(새 122)

- 가사 제목

  AMAZING GRACE; "나 같은 죄인 살리신"(새 305)

  THE LOVE OF GOD; "그 크신 하나님의 사랑"(새 304)

- 사람 이름

  MOODY; 전도자(Dwight Moody) (새 251)

  BEECHER; 목회자(Henry Beecher) (새 15)

- 신학적 관점

  KENOSIS; 자기 비움, "내 너를 위하여"(새 311)

  NICAEA; '삼위일체' 교리가 확립된 니케아 공의회(새 8)

내 모든 시험 무거운 짐을 새 337 · 통 363

작사 · 작곡 _ 엘리샤 호프만(Elisha Albright Hoffman, 1839-1929)

⋯

1. 내 모든 시험 무거운 짐을 주 예수 앞에 아뢰이면,
   근심에 싸인 날 돌아보사 내 근심 모두 맡으시네.
   (후렴) 무거운 짐을 나 홀로 지고 견디다 못해 쓰러질 때,
   불쌍히 여겨 구원해 줄 이 은혜의 주님 오직 예수.

2. 내 모든 괴롬 닥치는 환난 주 예수 앞에 아뢰이면,
   주께서 친히 날 구해 주사 넓으신 사랑 베푸시네.

3. 내 짐이 점점 무거워질 때 주 예수 앞에 아뢰이면,
   주께서 친히 날 구해 주사 내 대신 짐을 져주시네.

4. 마음의 시험 무서운 죄를 주 예수 앞에 아뢰이면,
   예수는 나의 능력이 되사 세상을 이길 힘 주시네.

53 어찌해야 하나요?

무척이나 괴로워하는 여인이 있었습니다. 그녀는 견딜 수 없는 슬픔에 짓눌려 있었습니다. "어찌해야 하나요? 도대체 어찌해야 하냐고요!" 그녀는 심방 온 목사님을 향해 계속 울부짖었습니다. "당신의 모든 시험과 무거운 짐을 우리 주 예수님께 아뢰세요." 목사님은 여인에게 더이상 해줄 수 있는 말이 없었습니다.

미국 펜실베이니아의 엘리샤 호프만(Elisha Hoffman) 목사는 설

교 준비를 하지 않을 때는 가난한 사람들을 섬기며 슬퍼하는 이들을 위로했습니다. 정이 많은 호프만 목사는 설교를 유창하게 하지는 못했지만 섬김의 은사가 뛰어난 사역자였습니다.

호프만 목사가 펜실베이니아 레바논 지역에서 교회를 섬기고 있을 때였습니다. 그곳에서 50킬로미터쯤 떨어진 그의 고향 마을인 오윅스버그에 사는 한 성도의 집을 방문했습니다. 호프만 목사가 집안에 들어갔을 때 여인은 슬픔을 주체하지 못하고 있었습니다. 호프만 목사는 슬픔이 극에 달한 여인을 위해 기도했습니다. 그리고 "수고하고 무거운 짐 진 자들아 다 내게로 오라 내가 너희를 쉬게 하리라"(마 11:28)는 말씀으로 위로했습니다. 그러나 그 여인의 울부짖음은 그칠 줄 몰랐습니다. 여인은 호프만 목사를 쳐다보며 계속해서 "어찌해야 하나요? 나는 어떻게 해야 하나요?" 하고 소리쳤습니다. 그때 호프만 목사는 다시 한번 차분하게 말했습니다. "성도님, 모든 시험과 무거운 짐을 예수님 앞에 아뢰는 수밖에 없습니다. 주님만이 성도님의 슬픔을 위로하실 수 있습니다. 예수님만이 성도님의 고통스러운 짐을 내려놓게 하십니다."[40]

호프만 목사가 떠날 때쯤 성도는 슬픔이 가신 듯 울음을 그치며, 연신 "맞아요, 예수님께 아뢰면 되지요! 예수님께 아뢰면 되지요!" 하고 말했습니다. 마지막 기도를 마치고 그녀의 집을 나온 호프만 목사도 기쁨이 차올랐습니다. 호프만 목사의 귓가에는 자신이 그 여인에게 했던 말이 계속해서 맴돌았습니다. "예수님께 아뢰세요! 예수님께 아뢰어야 합니다! 오직 예수님만이 성도님을 도우실 수 있습니다."

세상에는 이런 슬픔과 고통을 겪는 사람들이 무수히 많습니다. 무거운 짐을 주님 앞에 내려놓을 때 샘솟는 평안을 얻을 수 있습니다. 세상이 줄 수 없는 평안을 평화의 왕이신 주님이 주십니다! 호프만 목사는 슬픔에 가득찬 여인을 위로하고 돌아와 서재에 들어서자마자 찬송을 거침없이 써내려갔습니다. 이것이 바로 찬송 "내 모든 시험 무거운 짐을"입니다.

> 내 모든 시험 예수님께 아뢰어야겠네.
> I must tell Jesus all of my trials;
>
> 이 모든 짐 나 홀로 견딜 수 없으니.
> I cannot bear these burdens alone;
>
> 주님은 괴로워하는 날 친절히 도우실 거라네.
> In my distress He kindly will help me;
>
> 주님은 그의 백성을 늘 사랑하며 돌보시네.
> He ever loves and cares for His own.
>
> (후렴)
> 예수님께 아뢰어야겠네! 예수님께 아뢰어야겠네!
> I must tell Jesus! I must tell Jesus!
>
> 이 모든 짐 나 홀로 견딜 수 없으니.
> I cannot bear my burdens alone;
>
> 예수님께 아뢰어야겠네! 예수님께 아뢰어야겠네!
> I must tell Jesus! I must tell Jesus!

오직 예수님, 예수님만이 나를 도우실거라네.
Jesus can help me, Jesus alone.

타락한 이 세상에서 근심 없는 사람은 아무도 없습니다. 하나님이 성경에 가장 많이 기록하신 명령은 "두려워하지 말라"입니다. 진리 되신 주님만이 우리를 일으키시고 이기게 하십니다. 우리는 모든 어려움을 하나님께 아뢰어야 합니다. 오직 예수님만이 우리를 도우시고 구하시기 때문입니다.

호프만 목사는 시와 음악을 함께 썼는데, 이 찬송 외에도 "예수 십자가에 흘린 피로써"(새 259), "주님 주실 화평"(새 327)이 있습니다. 또 그는 다른 작가의 시에 음악을 붙여주었고, 다른 작곡가의 음악에 시를 붙이기도 했습니다. 호프만 목사는 존 스톡턴(J. H. Stockton) 목사와 함께 "구주의 십자가 보혈로"(새 250)를 썼으며, 앤토니 쇼월터(A. J. Showalter)의 음악에 "주의 친절한 팔에 안기세"(새 405)라는 시를 붙였습니다.

샘물과 같은 보혈은 새 258 · 통 190

작사_윌리엄 쿠퍼(William Cowper, 1731-1800)
원곡_미국 전통 민요
편곡_로웰 메이슨(Lowell Mason, 1792-1872)

• • •

1. 샘물과 같은 보혈은 주님의 피로다.
   보혈에 죄를 씻으면 정하게 되겠네.

2. 저 도적 회개하고서 보혈에 씻었네.
   저 도적 같은 이 몸도 죄 씻기 원하네.

3. 죄 속함 받은 백성은 영생을 얻겠네.
   샘솟듯 하는 피 권세 한없이 크도다.

4. 날 정케 하신 피 보니 그 사랑 한없네.
   살 동안 받는 사랑을 늘 찬송하겠네.

5. 이후에 천국 올라가 더 좋은 노래로,
   날 구속하신 은혜를 늘 찬송하겠네.

54 인생을 바꾸어 놓은 만남

윌리엄 쿠퍼(William Cowper)는 영국의 그레이트 버크햄스테드에서 태어났습니다. 아버지는 성직자였고 어머니는 왕족 출신이었습니다. 쿠퍼는 허약한 몸과 소심한 성격 탓에 사회활동을 제대로 할 수 없었습니다. 그는 법률을 공부했지만 심한 우울증과 무대 공포증 때문에 법정에는 한 번도 서보지 못했습니다.

여섯 살 때 어머니가 돌아가신 것이 그에게는 큰 상처로 남아 있었습니다. 허약한 체질로 육체적 고통이 심했고, 우울증 때문에 정신적으로도 괴로웠습니다. 그의 삶은 바람 잘 날 없는 고난의 연속이었습니다. 영적으로 허약했던 쿠퍼는 이렇게 못난 자신을 하나님이 구원했을 리 없다고 단정지었습니다. 공포심에 빠진 그는 여러 차례 자살을 시도했고, 네 번씩이나 정신병원 신세를 져야 했습니다.

하지만 이같이 암울한 상황에서도 그가 성경을 놓지 않은 것은 하나님의 은혜였습니다. 어느 날 성경을 뒤적이고 있을 때 사도 바울의 말씀이 눈에 들어왔습니다. "모든 사람이 죄를 범하였으매 하나님의 영광에 이르지 못하더니 그리스도 예수 안에 있는 속량으로 말미암아 하나님의 은혜로 값 없이 의롭다 하심을 얻은 자 되었느니라 이 예수를 하나님이 그의 피로써 믿음으로 말미암는 화목제물로 세우셨으니 이는 하나님께서 길이 참으시는 중에 전에 지은 죄를 간과하심으로 자기의 의로우심을 나타내려 하심이니"(롬 3:23-25).

하나님이 쿠퍼에게 이 세상 누구나 연약한 죄인이라는 것을 깨우쳐주신 것입니다. 오직 예수님의 값없는 은혜로 영광에 이를 수 있다는 말씀을 읽은 쿠퍼는, 그리스도와의 개인적인 관계로 용서를 얻을 수 있다는 사실을 깨달았습니다. 33세가 되던 해, 그는 하나님의 은혜에 이끌려 예수님을 구세주로 고백했습니다. 영혼의 문제가 해결되자 그는 행복했습니다.

그즈음 은퇴한 몰리 언윈(Morley Unwin) 목사와 메리 사모를 만난 것도 하나님의 은혜였습니다. 그들과 함께 지내며 영적인 격려와 보살핌으로 쿠퍼의 몸과 마음은 빠르게 회복되었습니다. 5년 후 언윈 목사가 세상을 떠나자 메리 사모의 가족은 가깝게 지내던 존 뉴턴 목사의 권유로 쿠퍼와 함께 시골 마을 올니로 거처를 옮겼습니다.[41]

뉴턴 목사를 만나면서 쿠퍼의 삶은 완전히 달라졌습니다. 쿠퍼에게 모든 것이 하나님의 은혜로 다가왔습니다. 생각해 보니 모든 것이 주권자 하나님의 인도였습니다. 뉴턴 목사는 올니에 온 쿠퍼에게 집을 마련해 주고 시를 쓰도록 격려했습니다. 뉴턴 목사는 특이한 성격을 가진 쿠퍼가 토끼와 뛰놀고 새와 대화하며 마음껏 시를 창작할 수 있도록 환경을 만들어주었습니다.

어느 날 쿠퍼는 자신이 거듭난 날을 떠올렸습니다. 인간으로 오신 거룩하신 하나님이 화목제물이 되신 십자가 사건, 그것은 죄인을 구원하기 위한 하나님의 치밀한 계획이었습니다. 스가랴 선지자의 말씀이 그리스도의 피와 함께 그의 심령을 마구 두드렸습니다. "그날에 죄와 더러움을 씻는 샘이 다윗의 족속과 예루살렘 주민을 위하여 열리리라"(슥 13:1). 그는 보혈의 은혜를 글로 써 내려갔습니다. 이것이 찬송 "샘물과 같은 보혈은"입니다.

샘물과 같은 보혈은 주님의 피로다.
보혈에 죄를 씻으면 정하게 되겠네.
정하게 되겠네. 정하게 되겠네.
보혈에 죄를 씻으면 정하게 되겠네.

영어 원문을 직역하면 이 찬송은 이렇게 시작합니다. "임마누엘 하나님의 혈관에서 나온 피로 가득한 샘이 있네…." 이런 가사가 역겹게 느껴진다는 이유로 몇몇 찬송가 책에서는 제외되었지만, 점점 많은 사람들이 이 찬송의 참맛을 알아갔고 "샘물과 같은 보혈은"은 지금까지 큰 인기를 누리고 있습니다.

이 찬송은 예수님이 흘리신 보혈의 피를 샘물에 비유하며, 주님의 피로 가득 채워진 샘물로 우리의 죄를 씻으면 깨끗하게 된다는 고백의 내용을 담고 있습니다. 쿠퍼가 깨달았듯 사람은 자신을 깨끗하게 할 수 없습니다. 오직 주님만이 우리의 더러운 죄를 눈같이 깨끗하게 씻기십니다.

쿠퍼와 뉴턴은 올니에서 매주 열리는 기도회에서 부를 찬송을 썼습니다. 이것을 모아 어려운 환경에 있는 올니 사람들이 마음껏 찬양할 수 있는 불후의 모음집 『올니 찬송가』(1779)를 만들었습니다. 그곳 사람들은 열악한 환경으로 대부분이 정규교육을 받지 못했습니다. 그래서 쿠퍼와 뉴턴은 찬송을 이용해 하나님을 찬양할 뿐 아니라 마을 사람들을 교육했습니다.

거룩 거룩 거룩 전능하신 주님 새 8 · 통 9

작사 _ 레지날드 히버(Reginald Heber, 1783-1826)
작곡 _ 존 다익스(John Bacchus Dykes, 1823-1876)

• • •

1. 거룩 거룩 거룩 전능하신 주님, 이른 아침 우리 주를 찬송합니다.
   거룩 거룩 거룩 자비하신 주님, 성삼위일체 우리 주로다.

2. 거룩 거룩 거룩 주의 보좌 앞에, 모든 성도 면류관을 벗어 드리네.
   천군 천사 모두 주께 굴복하니, 영원히 위에 계신 주로다.

3. 거룩 거룩 거룩 주의 빛난 영광, 모든 죄인 눈 어두워 볼 수 없도다.
   거룩하신 이가 주님밖에 없네. 온전히 전능하신 주로다.

4. 거룩 거룩 거룩 전능하신 주님, 천지만물 모두 주를 찬송합니다.
   거룩 거룩 거룩 전능하신 주님, 성삼위일체 우리 주로다.

55 낡은 가방에서 발견한 종이 뭉치

레지날드 히버(Reginald Heber)는 영국의 한적한 마을 호드넷을 좋아했습니다. 부모에게 물려받은 재산과 옥스퍼드대학 학위를 가진 이 성공회 목회자는, 런던의 저택에 살아도 괜찮을 만큼 생활이 넉넉했습니다. 그러나 히버는 시골 호드넷에서 어려운 이웃들과 함께 가진 것을 나누며 작은 교회를 섬기길 원했습니다. 시골 환경은 그가 글과 찬송을 쓰기에 참 좋았습니다. 그는 그렇게 직접 지은 찬송을 특별한 예배가 있을 때마다 교인들과 함께 불렀습니다.

그러던 히버가 성공회 주교로 취임하게 되었습니다. 윗사람들은 그가 인도의 캘커타 지역을 맡아 떠나기를 원했습니다. 히버는 정든 호드넷을 떠나기 싫었지만 순종하는 마음으로 사역지를 인도로 옮겼습니다. 1826년 4월 3일 그의 나이 43세 때, 인도의 티루치라팔리에서 수많은 사람들이 참석한 예배를 인도했습니다. 그날 따라 날씨가 너무 더워 그는 예배를 마친 후 물에 들어갔습니다. 그리고 그만 예기치 않은 사고로 익사하고 말았습니다.

히버가 갑작스럽게 죽은 후, 그의 아내는 히버의 낡은 가방에서 종이 한 뭉치를 발견했습니다. 그가 오래전에 예배를 위해 지어 놓은 찬송들이었습니다. 히버의 아내는 그것을 출판사로 보냈고, 런던의 한 출판사가 그 찬송들을 연구하던 중에 걸작 하나를 발견해냈습니다. 출판사는 실력 있는 작곡가 존 다익스(John Dykes) 박사에게 그 시에 붙일 곡을 의뢰했습니다. 그렇게 해서 찬송 "거룩 거룩 거룩 전능하신 주님"이 빛을 보게 되었습니다. 이 찬송은 히버가 호드넷 마을에서 목회할 때 '삼위일체 주일' 예배를 위해 지은 것입니다.[42]

찬송 "거룩 거룩 거룩 전능하신 주님"은 삼위일체 되신 하나님을 찬양하는 곡입니다. "거룩하다 거룩하다 거룩하다"(계 4:8; 사 6:3)는 성부, 성자, 성령 세 분의 거룩하심을 뜻합니다. 1절은 하나님의 전능하심과 자비하심을 찬양하며, 2절은 영원하신 하나님을 찬양합니다. 3절은 "그때에 내가 말하되 화로다 나여 망하게 되었도다 나는 입술이 부정한 사람이요 나는 입술이 부정한 백성 중에 거주하면서 만군의 여호와이신 왕을 뵈었도다"(사 6:5)는 이사야의 고백처럼, 눈이 어두운 죄인이 볼 수 없을 만큼 빛나는 하나님의 영광을 찬양합니다. 4절은 모든 피조물이 거룩하신 삼위일체 하나님을 찬양합니다.

가사 내용이 객관적이며 하나님의 속성을 분명히 밝히기 때문에 주일예배에서 많이 불립니다. 찬송은 하나님을 거룩하신 분, 전능하신 분, 자비로우신 분, 복 되신 삼위일체, 완전한 능력과 사랑과 순결의 소유자로 선포합니다.

325년 지금의 터키에 있던 옛 도시 니케아에서 종교회의가 열렸습니다. 이 '니케아 공의회'가 열렸던 시기에는 이단들이 출현해 잘못된 신학을 주장하여 문제가 아주 심각했습니다. 하나님의 신격에 관한 문제가 중요한 의제였습니다.

이집트 알렉산드리아 출신의 주교였던 아리우스(Arius)는 "예수는 인간들보다 높으나 하나님보다는 낮은 위치에 있다"고 주장했습니다. 예수가 하나님이 아니라 인간이었다는 주장으로 삼위일체 하나님을 부정한 것입니다. 그러나 3백여 명의 종교지도자들을 대상으로 투표한 결과 다섯 명이 아리우스의 의견에 동조할 뿐, 모두가 삼위의 하나님을 고백하여 결과적으로 삼위일체 교리가 채택되었습니다. 이렇게 하나님은 진리 가운데 역사를 움직이시는 분입니다.

　이 찬송의 곡명이 '니케아'(NICAEA)라고 붙여진 이유는, "거룩 거룩 거룩 전능하신 주님"이 삼위일체 하나님을 찬양하는 내용이기 때문에, 삼위일체 교리를 확정한 회의가 열렸던 도시 이름을 곡명으로 정한 것입니다.

　진리를 왜곡하거나 자칭 예수라고 주장하는 거짓 선지자들이 지금도 나타나고 있습니다. 역사적으로 볼 때, 이단이 들끓자 교회는 삼위일체 하나님에 대한 교리를 분명히 하고자 송영을 만들었습니다. 2세기부터 사용된 송영은 4세기 아리우스파 이단과의 논쟁 후, 삼위일체 교리를 가르치기 위해 찬양 끝에 이어서 불렀습니다. 가사는 "성부, 성자, 성령께 영광을 돌리세. 태초부터 지금까지 또 영원무궁토록. 아멘."으로 확정되었습니다.[43] 오래전 힐러리(Hilary of Poitiers)는 아리우스설을 공박하기 위해 삼위일체 하나님을 찬양했습니다. 힐러리 찬송의 영향을 받은 밀라노의 주교 암브로시우스(Ambrosius) 역시 이단들의 주장에 반박하려고 삼위일체를 주제로 찬송시를 썼습니다.

　우리는 찬송 가사에 담겨진 의미를 생각하지 않고 단순히 입만 벌려 노래할 때가 많습니다. 찬송을 부를 때는 먼저 가사를 이해하고, 그 이해를 감정으로 연결시켜야 합니다.

예부터 도움 되시고 새 71 · 통 438

작사 _ 아이작 와츠 (Isaac Watts, 1674-1748)
작곡 _ 윌리엄 크로프트 (William Croft, 1678-1727)

"예부터 도움 되시고" 　성경의 근거(시편 90)

1. 예부터 도움 되시고　　주여 주는 대대에
　내 소망 되신 주,　　　우리의 거처가
　이 세상 풍파 중에도　　되셨나이다(1절)
　늘 보호하시리.

2. 이 천지만물 있기 전　　산이 생기기 전, 땅과 세계도
　주 먼저 계셨고,　　　　주께서 조성하시기 전
　온 세상 만물 변해도　　곧 영원부터 영원까지
　주 변함없도다.　　　　주는 하나님이시니이다(2절)

3. 주 앞에 천년만년이　　주의 목전에는 천 년이
　한 날과 같으니,　　　　지나간 어제 같으며
　이 세상 모든 일들이　　밤의 한 순간 같을
　다 잠시뿐이라.　　　　뿐임이니이다(4절)

4. 세월이 흘러가듯이　　주께서 그들을 홍수처럼
　인생은 떠나니,　　　　쓸어가시나이다
　이 인생 백 년 살아도　그들은 잠깐 자는 것 같으며
　꿈결과 같도다.　　　　아침에 돋는 풀 같으니이다(5절)

5. 예부터 도움 되시고　　아침에 주의 인자하심이
　내 소망 되신 주,　　　우리를 만족하게 하사
　일평생 지나갈 동안　　우리를 일생 동안 즐겁고
　늘 보호하소서.　　　　기쁘게 하소서(14절)

56 한 꼬마가 불러일으킨 찬송의 혁신

어느 영국 교회 주일예배에서, 인도자가 시편을 한 줄 한 줄 읊으면 회중이 그를 따라 읊고 있었습니다. 그런데 어린 아이작 와

츠는 한 마디도 따라 읽지 않았습니다. 그날 저녁, 아버지는 와츠를 불러 예배시간에 시편을 따라 읽지 않은 이유를 물었습니다. 와츠는 망설임 없이, 그 시편에는 음악이 없고 게다가 운(rhyme)도 맞지 않아 시편을 굳이 읊을 이유가 없었다고 거침없이 말했습니다. 화가 치민 아버지는 건방진 아들에게 시편을 쓴 다윗 왕보다 네가 더 똑똑하다면 더 좋은 찬송을 써보라고 야단쳤습니다. 와츠는 이 말에 자극을 받았습니다.

사실 아버지 에녹 와츠(Enoch Watts)는 아들이 열네 살도 되기 전에 기숙학교에 보내 5개 국어를 배우게 한 매우 엄한 아버지였습니다. 어머니 와츠 부인은 12년 동안 장남인 아이작 와츠에게 시 쓰는 법을 가르쳤습니다. 와츠가 말할 때도 운을 맞추어 이야기하면, 아버지는 장난치는 아들을 혼내주었습니다. 그럴 때면 와츠는 "아빠 저를 가엾게 여기세요. 이제 시를 읊지 않을게요!(O father do some pity take, and I will no more verses make!)"라며 계속 운에 맞추어 말했습니다.[44] 요즘 말로 하자면 계속 랩(rap)을 한 것입니다.

와츠는 구원에 관해서는 칼빈 신학을 따랐지만, 찬송에 대해서는 칼빈과 생각이 달랐습니다. 하나님께 직접 받은 성경말씀을 그대로 사용해야 한다는 엄격성의 원칙에 반대했던 것입니다. 그는 시편을 신약의 관점에서 재해석해야 한다고 생각했습니다. 또 찬송을 시편에만 한정시키는 것은, 예배자들이 마치 그리스도가 태어나시지도 않았고, 죽으시지도 않았으며, 부활하여 영광 가운데 승천하시지도 않았다고 하는 것이나 마찬가지라고 비판했습니다.

와츠는 "찬송은 복음적이어야 하며, 노래하는 자의 생각과 느낌을 잘 표현해야 한다"고 주장했습니다. 사실 와츠가 없었다면 우리가 지금 부르는 찬송은 상상하기조차 어렵습니다. 독일을 중심으로 코랄(chorale, 합창곡)이, 프랑스를 중심으로 시편가가 불렸다면, 영국의 와츠는 독일 코랄과 시편가를 결합해 지금의 찬송가를 탄생시켰습니다. 그래서 때때로 와츠는 '찬송의 아버지'라고 불립니다.

1714년 앤 여왕의 왕위를 계승할 스튜어트가와 하노버가의 왕위 쟁탈 투쟁으로 영국은 어지러운 상황에 놓여 있었습니다. 만일 스튜어트가에서 왕위를 계승하였다면 기독교도들이 박해 받았을 텐데, 다행히 하노버가가 왕위를 계승하여 박해는 없었습니다.

동시대에 살던 와츠는 불안에 떠는 성도들을 위해 찬송을 썼습니다. 어려운 형편에 처해 있을 때 그는 시편 90편을 운율화한 "예부터 도움 되시고"(새 71)를 만들어 성도들을 위로하고 하늘의 소망을 갖게 했습니다.

오 하나님, 지난 세대의 우리의 도움이시요,
O God, our help in ages past,

오는 세대에 우리의 희망이시라.
our hope for years to come,

폭풍우 몰아칠 때 우리의 피난처요,
our shelter from the stormy blast,

우리의 영원한 본향이시라.
and our eternal home.

이 찬송은 미국의 루즈벨트 대통령과 영국의 처칠 수상이 1941년 뉴펀들랜드 앞바다에 정박한 영국 군함에서 공동성명을 발표한 후 함께 헌신예배를 드릴 때 부른 찬송이기도 합니다.

주 예수 이름 높이어 _{새 36 · 통 36}

작사 _ 에드워드 페로넷(Edward Perronet, 1726-1792)
편집 _ 존 립폰(John Rippon, 1751-1836)
작곡 _ 올리버 홀든(Oliver Holden, 1765-1844)

...

1. 주 예수 이름 높이어 다 찬양하여라.
   금 면류관을 드려서 만유의 주 찬양.

2. 주 예수 당한 고난을 못 잊을 죄인아
   네 귀한 보배 바쳐서 만유의 주 찬양.

3. 이 지구 위에 거하는 온 세상 사람들
   그 크신 위엄 높여서 만유의 주 찬양.

4. 주 믿는 성도 다함께 주 앞에 엎드려
   무궁한 노래 불러서 만유의 주 찬양.

57 목사가 된 목수

아마추어 작곡가 올리버 홀든(Oliver Holden)은 목수였습니다. 그는 일하는 동안에도 쉬지 않고 노래를 흥얼거렸습니다. 그러다 문득 귀에 쏙 들어오는 멜로디가 떠오르면 잠시 톱을 내려놓고 악보에 옮겨 적었습니다. 홀든은 전문적인 음악 수업을 받지 않았지만 시간이 날 때마다 멜로디를 만들었습니다. 하루는 홀든이 공장에 나타나지 않았습니다. 궁금히 여긴 친구들이 홀든을 찾아갔더니, 그는 집에서 오르간을 연주하고 있었습니다. 그날 홀든은 출근도 하지 않고 마음속에 간직하고 있던 노래를 오르간으로 연주하면서 오선지에 적고 있었던 것입니다.

28세가 되자 홀든은 목수 일을 그만두고 부동산 중개업에 뛰어들었습니다. 그러다 입법부에서 일하기도 했습니다. 나중에는 악기 상점도 차렸습니다. 손을 대는 사업마다 번창했지만, 홀든은 어려서부터 음악을 통해 하나님을 찬양하는 것이 사명이라고 믿었습니다. 그는 『아메리칸 하모니』(1793)를 비롯해 여러 권의 찬송가 책을 출판했고 침례교회를 세웠습니다. 나무를 자르던 목수가 복음을 전하는 목사가 된 것입니다.

어느 날 음악에 맞는 시를 찾던 홀든 목사는 영국의 《가스펠 매거진》이라는 정기 간행물에서 마음에 드는 시를 발견했습니다. 시에는 작시자의 이름이 없었는데, 거기에는 그럴 만한 사연이 있었습니다.

영국 비국교도 목사인 에드워드 페로넷(Edward Perronet)은 웨슬리 형제와 함께 활동했지만 존 웨슬리와 의견이 달라 자주 마찰을 빚었습니다. 한번은 웨슬리가 페로넷 목사의 동의도 없이, 다음날 페로넷 목사가 설교할 거라고 광고했습니다. 다음날 페로넷 목사는, 자신은 동의하지 않았지만 오신 분들을 생각해 설교하겠다며 단상에 올랐습니다. 그런데 설교는 하지 않고 마태복음 5장의 산상수훈을 읽기만 하고 내려왔을 정도로 고집이 셌습니다. 웨슬리는 자신이 만든 찬송가 책에 페로넷의 찬송이 실리는 것을 원치 않았습니다. 그것을 안 페로넷 목사는 그때부터 이름을 밝히지 않고 찬송시를 썼습니다.

어느 날 53세의 페로넷 목사가 인도의 외진 곳으로 전도여행을 갔습니다. 친구들이 위험하다고 만류하는 것도 뿌리치고 그는 혼자 전도여행을 떠났습니다. 토인 부락에 도착한 페로넷 목사는 말이 통하지 않아 전도를 할 수가 없었습니다. 오히려 원주민들은 낯선 사람이 나타나자 창을 들이대며 공격하려 했습니다.

위험을 느낀 그는 눈을 감고 바이올린으로 찬송을 연주하기 시작했습니다. 그런데 연주를 마치고 눈을 떴을 때 놀라운 광경이 벌어졌습니다. 살기등등하여 금방이라도 창으로 찌르려고 달려들 것 같았던 토인들이 창을 내려놓고 앉아있는 게 아닙니까! 몇몇은 낯선 이방인 앞에 무릎 꿇고 눈물을 흘리고 있었습니다.[45] 페로넷 목사는 무지한 사람들이 복음을 들을 수 있도록 그들의 마음을 움직이신 예수님의 권세를 생각하게 되었습니다. 그리고 만유의 주 되신 예수님의 이름을 높이며 글을 썼습니다. 그것이 바로 찬송 "주 예수 이름 높이어"입니다.

작곡가 홀든은 이런 사연을 전혀 알지 못한 채 작곡했습니다. 그는 우연히 발견한 시 한 편이 딸의 출생을 축하하기 위해 산부인과 대기실에서 만든 곡과 딱 맞아떨어진다는 사실에 기분이 좋을 뿐이었습니다. 이렇듯 하나님의 역사는 우연인 것 같지만 우리의 삶을 통해 나타나고 있습니다.

찬송을 마친 후 '아멘'을 꼭 불러야 하는가

많은 사람들이 찬송을 마친 후 아멘을 불러야 하는지 말아야 하는지 의문을 갖습니다. 어떻게 하는 것이 성경적인지 궁금한 것입니다. 찬송가 마지막에 아멘을 붙이는 문제는 각 교파와 시대와 전통에 따라 다릅니다. 실제로 같은 교파 찬송이지만 편집자에 따라 아멘을 붙이거나 생략하기도 했습니다.

성경에서 아멘은, 진술에 대한 동감(왕상 1:36), 맹세(민 5:22), 찬양을 끝낼 때(대상 16:36; 느 8:6), 송영을 끝낼 때(롬 1:25; 16:27), 그리스도를 '아멘이 되시는 분'으로 표현할 때(계 3:14), 기도와 찬양 후(고전 14:16; 시 72:19; 89:52; 106:48), 영광을 돌리기 위해(고후 1:20) 사용되었습니다. 아멘은 '이루어진 것을 믿습니다' '이루어지고 있는 것을 믿습니다' 그리고 '이루어질 것을 믿습니다'라는 믿음의 고백입니다. 과거와 현재, 미래에 대해 하나님께 신뢰를 표현하는 것입니다.

존 웨슬리는 찬송을 부를 때 악보대로 노래하라고 권면합니다. 공동체가 사용하고 있는 악보에 아멘이 있다면 힘차게 부르십시오. 그러나 아멘이 없다면 아멘을 노래하지 마십시오. 이것이 공동체를 위해 덕을 세우는 것입니다. 사실 입으로 '아멘'을 하는 것이 중요한 것은 아닙니다. 하나님을 신뢰하며 마음으로 응답하는 것이 중요합니다.

나의 영원하신 기업 새 435 · 통 492

작사_ 패니 크로스비(Fanny Jane Crosby, 1820-1915)
작곡_ 사일러스 베일(Silas Jones Vail, 1818-1884)

• • •

1. 나의 영원하신 기업 생명보다 귀하다.
   나의 갈 길 다 가도록 나와 동행하소서.
   (후렴) 주께로 가까이 주께로 가오니
   나의 갈 길 다 가도록 나와 동행하소서.

2. 세상 부귀 안일함과 모든 명예 버리고
   험한 길을 가는 동안 나와 동행하소서.

3. 어둔 골짝 지나가며 험한 바다 건너서
   천국 문에 이르도록 나와 동행하소서.

58 모자 제조업자가 곡을 쓰다

사일러스 베일(Silas Vail)은 모자 제조업자였습니다. 베일은 어려서 고향인 뉴욕 브루클린을 떠나 코네티컷 댄버리로 갔습니다. 그곳에서 모자 만드는 기술을 익힌 후 뉴욕으로 돌아와 모자 회사를 설립하여 많은 돈을 벌었습니다. 기계 제조업자이면서 많은 찬송을 작곡했던 윌리엄 도언처럼 모자 제조업자인 베일도 작곡에 관심이 많았습니다. 음악을 사랑한 베일은 포스터의 작품 10곡과 다른 작곡가들의 음악을 구입해 노래책 『아테나이온 컬렉

션』(*Athenaeum Collection*)을 출판했습니다.46)

  1874년 베일은 회사 일을 뒤로하고 작곡가 셔윈(William Sherwin)과 함께 『은혜와 영광의 노래』를 편집했습니다. 작업 도중 악상이 떠오른 베일은 곡조를 옮겨 적었습니다. 그는 선율이 무척 마음에 들었지만 곡에 붙일 마땅한 가사가 없었습니다. 그래서 생각 끝에 좋은 작사자를 찾아서 곡에 꼭 맞는 가사를 부탁하기로 했습니다.

  그 시절 패니 크로스비는 미국 전역에 찬송작가로 잘 알려져 있었습니다. 그녀는 10년 넘게 찬송만을 지으며 하나님 안에서 행복하게 살고 있었습니다. 크로스비는 생일날 친한 친구에게 말했습니다. "이 세상에서 나보다 더 행복한 사람이 있으면 내게 데려오세요. 그 사람과 악수하고 싶어요." 베일은 이처럼 주님과 동행하며 행복하게 사는 사람에게 작사를 부탁하고 싶었습니다. 그는 곧바로 브루클린에 사는 크로스비를 찾아갔습니다.

  크로스비의 거실에서 베일이 며칠 전 작곡한 음악을 오르간으로 연주하자 눈먼 크로스비의 얼굴이 환하게 빛났습니다. 아직 후렴도 연주하지 않았는데 그녀는 연주를 멈추게 했습니다. 그리고 말했습니다. "당신의 음악이 스스로 말을 하네요. 주님께 가까이 더 가까이, 주님께 가까이 더 가까이(Close to Thee, close to Thee)…."

  그리고 크로스비는 항상 그랬던 것처럼 무릎을 꿇고 기도했습니다. 기도를 마친 후 앞을 전혀 보지 못하는 크로스비는 다시 시를 읊었고, 작곡자 베일은 그대로 받아 적었습니다. 그것이 바로 찬송 "나의 영원하신 기업"입니다.

> 주님은 나의 영원하신 기업
> 내겐 친구나 생명보다 소중하나이다.
> 내가 순례 여행하는 동안
> 구세주여, 나와 동행하소서.
>
> 주님께 가까이 주님께 가까이,
> 주님께 가까이 주님께 가까이,
> 내가 순례 여행하는 동안에
> 구세주여, 나와 동행하소서.(원문 직역)

이 찬송의 1절은 주님이 나의 영원하신 기업으로 친구나 생명보다 귀하다고 고백합니다. "내 육체와 마음은 쇠약하나 하나님은 내 마음의 반석이시요 영원한 분깃이시라"(시 73:26). 분깃 또는 기업은 재산을 일컫는데, 예수님 한 분만이 우리에게 가장 가치 있는 재산이며 우리의 생명보다도 귀합니다.

2절은 우리가 세상과 주님 중에서 하나만 선택해야 함을 보여 줍니다. 시인은 주님을 선택하는 것이 훨씬 더 큰 기쁨을 준다고 확신합니다.

　3절은 어두운 골짜기와 험한 바다를 미리 알고 고난의 길을 무사히 통과하길 바라고 있습니다. 그리고 인생의 여정을 다 마친 후 영원한 생명의 문에 들어가도록 주님께 간구하고 있습니다. 하나님을 기업으로 삼은 순례자의 여정의 끝은 천국입니다.

　이 찬송의 곡명 "주님께 가까이"(CLOSE TO THEE)는 찬송의 핵심 구절인 후렴에서 따왔습니다. 한국어 찬송과 영어 찬송을 비교할 때, 영어 찬송은 모든 절의 2행과 4행의 가사가 같습니다. 그러나 한국어 찬송은 1절만 영어 찬송처럼 2행과 4행의 가사가 동일합니다. 2절과 3절의 4행은 1절의 4행인 "나의 갈 길 다 가도록 나와 동행하소서"를 사용하고 있습니다. 결국 한국찬송은 미국찬송과 후렴을 다르게 사용한 것입니다.

　마틴 루터가 "음표는 가사를 살아 움직이게 한다"고 했듯이, 가사가 좋은 음악을 만날 때 좋은 찬송이 됩니다. 이 찬송은 곡조가 먼저 쓰였으니 반대로 가사가 음표를 살아 움직이게 한 것입니다. 이처럼 찬송은 가사와 음악이 결합된 것으로, 하나님이 주신 특별한 선물입니다.

햇빛을 받는 곳마다 새 138 · 통 52

작사_아이작 와츠(Isaac Watts, 1674-1748)
작곡_존 하턴(John Hatton, 1710-1793)

• • •

"햇빛을 받는 곳마다"   성경의 근거(시편 72편)

1. 햇빛을 받는 곳마다   그가 바다에서부터 바다까지와
   주 예수 다스리시고,   강에서부터 땅끝까지 다스리리니(8절)
   이 세상 끝날 때까지   그들이 해가 있을 동안에도 주를 두려워하며
   그 나라 왕성하리라.   달이 있을 동안에도 대대로 그리하리로다(5절)

2. 주님을 찬양하면서   그들이 생존하여 스바의 금을
   간절히 기도드리니,   그에게 드리며 사람들이
   그 기도 향기 되어서   그를 위하여 항상 기도하고
   주 앞에 상달하도다.   종일 찬송하리로다(15절)

3. 온 세상 모든 사람들   모든 왕이 그의 앞에
   그 사랑 찬송하도다.   부복하며
   어린이들도 기뻐서   모든 민족이 다
   구주를 찬송하도다.   그를 섬기리로다(11절)

4. 주 예수 계신 곳마다   그는 궁핍한 자가 부르짖을 때에 건지며
   그 은혜 충만하도다.   도움이 없는 가난한 자도 건지며(12절)
   곤하고 지친 사람들   그는 가난한 자와 궁핍한 자를 불쌍히 여기며
   주님의 사랑 받도다.   궁핍한 자의 생명을 구원하며(13절)

5. 이 세상 모든 만물아   홀로 기이한 일들을 행하시는 여호와 하나님
   주 앞에 경배하여라.   곧 이스라엘의 하나님을 찬송하며(18절)
   저 천군 천사 다함께   그 영화로운 이름을
   주님을 찬송하여라.   영원히 찬송할지어다(19절)

59 불공평하지만 공평하도다

아이작 와츠는 작은 키에 볼품없는 외모를 지녔습니다. 그는 자신의 아름다운 시를 읽고 찾아온 엘리자베스 싱어(Elizabeth

Singer)를 사랑했습니다. 와츠는 37세에 열렬히 사랑하는 싱어 양에게 청혼했지만 안타깝게도 거절당하고 맙니다. 실망한 그는 결혼에 대한 희망을 완전히 버리게 됩니다.

세상의 사랑에는 실패했지만 하나님의 사랑을 바라보며 그는 "세상은 허무하도다. 불공평하지만 공평하도다."라고 자신의 푸념 섞인 속마음을 짧게 적었습니다. 그러고는 마크 레인 교회의 사역에 더욱 매달렸습니다.

와츠 목사의 마음이 많이 상해 있다는 이야기를 전해 들은 런던 시장 토머스 애브니(Thomas Abney) 부부는 축 처져 있는 그를 런던 교외의 저택으로 초대했습니다. 그를 일주일 정도 푹 쉬게 하면 기분이 나아질 거라고 생각한 것입니다.

저택에 머물면서 애브니 부부의 세 딸과 정이 든 와츠는 어린 딸들을 위해 "바쁜 아기 꿀벌"과 "멍멍 짖고 물어대는 강아지"라는 시와 자장가를 써주었습니다. "쉿! 아가야 곤히 자거라. 거룩한 천사들이 네 침대를 지켜준단다(Hush! my dear, lie still and slumber; Holy angels guard thy bed.)"라는 자장가입니다.

와츠는 일주일 정도의 짧은 휴식을 계획하고 방문한 애브니 부부의 저택에 무려 36년 동안 머물렀습니다. 잠시 쉬러 간 곳에 아예 정착해 버린 것입니다. 그리고 그곳에서 독신으로 73세에 생을 마감했습니다.

'영국찬송의 아버지'로 불리는 와츠 목사는 신약성경의 관점에서 시편을 보았습니다. 시편을 복음의 눈으로 재해석한 것입니다. 그래서 그의 찬송 중 많은 부분이 시편을 의역한 것입니다. 그는 예수님의 구속의 사랑과 은혜를 생각하면서 시편 72편을 복음적으로 의역했습니다. 바로 "햇빛을 받는 곳마다"(새 138)가 그것입니다.

> 햇빛을 받는 곳마다
> 주 예수 다스리시고,
> 이 세상 끝날 때까지
> 그 나라 왕성하리라.

이 찬송은 하나님의 선하심과 능력에 대한 와츠의 확고한 믿음을 고백한 것입니다. "하나님이 그 해를 악인과 선인에게 비추시며 비를 의로운 자와 불의한 자에게 내려 주심이라"(마 5:45)는 말씀처럼, 예수님이 모든 피조물에게 베푸시는 일반은총을 감사해야 함을 말하고 있습니다. 그리고 이 세상 모든 민족이 주 예수를 섬기길 바라고 있습니다.

우리는 하나님이 누구인지 바로 알고 찬양해야 합니다. 누구를 왜 그리고 어떻게 찬양해야 하는지 알아야 한다는 것입니다. 하나님의 속성, 그분을 찬송할 이유와 목적을 밝히 드러내는 것이 성경입니다. 성경은 하나님에 대해 계시하고 있습니다. 하나님은 거룩하시고, 흠이 없으시며, 전능하시고, 위대하시며, 자비로우시고, 사랑이 많으시며, 공의로우신 분이라고 성경은 말하고 있습니다.

와츠가 지은 대부분의 찬송은 성경에 나타난 이야기를 근거로 했기 때문에, 모든 그리스도인이 공감할 수 있는 객관적 고백으로 표현됩니다. 이와 반대로 "저 장미꽃 위에 이슬 아직 맺혀 있는 그때에, 귀에 은은히 소리 들리니 주 음성 분명하다. 주님 나와 동행을 하면서 나를 친구 삼으셨네. 우리 서로 받은 그 기쁨은 알 사람이 없도다"(새 442)는 아주 주관적인 찬송입니다. 이슬이 맺혀 있는 이른 새벽 산에서 하나님의 임재하심을 체험한 개인적 경험을 표현했기 때문입니다.

"햇빛을 받는 곳마다"처럼 가사 내용이 객관적인 찬송은 모든 피조물이 시간과 환경을 초월해 부를 수 있습니다. 슬플 때나 기쁠 때, 실패했을 때나 성공했을 때도 하나님께 고백해야 하는 성경 속의 진리이기 때문입니다. 누구든지 햇빛을 받는 사람이라면, 죄인에게까지 인자하심과 너그러우심을 풍성히 베푸시는 하나님을 찬양할 수밖에 없습니다.

주 하나님 지으신 모든 세계 　새 79 · 통 40

작사 _ 칼 보버그(Carl Gustaf Boberg, 1859-1940)
　　　스튜어트 하인(Stuart Wesley Keene Hine, 1899-1989)
원곡 _ 스웨덴 민요
편곡 _ 에릭 에드그렌(Erik Adolf Edgren, 1858-1921)

• • •

1. 주 하나님 지으신 모든 세계 내 마음속에 그리어 볼 때,
하늘의 별 울려 퍼지는 뇌성 주님의 권능 우주에 찼네.
(후렴) 주님의 높고 위대하심을 내 영혼이 찬양하네.
주님의 높고 위대하심을 내 영혼이 찬양하네.

2. 숲속이나 험한 산골짝에서 지저귀는 저 새소리들과,
고요하게 흐르는 시냇물은 주님의 솜씨 노래하도다.

3. 주 하나님 독생자 아낌없이 우리를 위해 보내 주셨네.
십자가에 피 흘려 죽으신 주 내 모든 죄를 대속하셨네.

4. 내 주 예수 세상에 다시 올 때 저 천국으로 날 인도하리.
나 겸손히 엎드려 경배하며 영원히 주를 찬양하리라.

60 주님의 권능 우주에 찼네

　칼 보버그(Carl Boberg)는 배를 만드는 목수의 아들로 태어났습니다. 그는 아버지의 소개로 여러 해 동안 선원으로 일했습니다. 그러던 중 19세에 주님을 영접하고 사역의 길을 가기로 결심했습니다.

　신학공부를 마친 그는 고향에서 문서전도 활동을 했습니다. 그

리고 오랫동안 주간지 《진리의 증인》(Witness of the Truth)의 편집자로 글을 썼습니다. 그는 언론인뿐 아니라 수년간 스웨덴 의회 상원의원으로도 일했습니다. 보버그는 많은 찬송을 썼고, 후에 스웨덴 복음전도 언약교회의 찬송집을 편집하기도 했습니다.

26세 된 보버그 목사가 스웨덴 남동부 해안의 시골을 방문했을 때였습니다. 갑작스러운 천둥소리와 함께 소나기가 쏟아졌습니다. 그리고 비가 갠 뒤의 풍경은 이루 형언할 수 없을 정도로 아름다웠습니다.

숲속의 새들이 크고 작게 지저귀는 노래가 천상의 피리소리처럼 메아리쳐 울렸습니다. 발 앞에 놓인 옥색 강물이 바람 따라 퍼지며 하나님을 찬양하는 듯 했습니다. 이렇게 경이롭고 아름다운 자연을 바라보며 터져 나온 탄성이 바로 "주 하나님 지으신 모든 세계"입니다.

> 주 하나님 지으신 모든 세계 내 마음속에 그리어 볼 때,
> 하늘의 별 울려 퍼지는 뇌성 주님의 권능 우주에 찼네.
> 주님의 높고 위대하심을 내 영혼이 찬양하네.

하나님은 영광받으시기 위해 우주 만물을 창조하셨습니다. 스웨덴의 아름다운 강과 산, 북미의 웅장하게 떨어지는 나이아가라 폭포, 그랜드캐니언의 장엄한 협곡뿐 아니라 우리의 태양계 그리

고 수많은 은하계를 지으셨습니다. 거대한 산맥을 타고 흐르는 맑은 강물, 만년설이 녹아서 고인 평화로운 호수, 해질녘의 노을, 밤하늘의 반짝이는 별을 바라보십시오. 주 하나님이 지으신 모든 세계를 느끼면, 우리의 심령과 입술의 감격이 저절로 터져 나올 것입니다.

C. S. 루이스는 말했습니다. "모든 기쁨은 자연스럽게 찬양으로 이어진다. … 우리가 우리에게 즐거움을 주는 것들을 찬양하기 좋아하는 까닭은, 찬양이 단순히 우리의 즐거움을 표현할 뿐 아니라 그것을 완성하기 때문이다." 우리는 아름다운 세계를 즐거워합니다. 그러나 그것을 창조하시고 우리 같은 죄인을 구원하기 위해 외아들까지 주신 하나님을 더 즐거워할 수밖에 없습니다.

이 찬송은 주간지 《진리의 증인》(제16호, 1891년 4월 16일)에 실려 사람들에게 알려지기 시작했습니다. 여러 언어로 번역되었지만 우크라이나에서 활동하던 영국 선교사 스튜어트 하인(Stuart Hine) 목사가 러시아어로 번역된 시를 보고 1-3절을 영어로 번역하고, 1949년 4절을 직접 써서 추가해 지금의 찬송이 되었습니다.

음악은 스웨덴 민요에서 빌려왔습니다. 나중에 에릭 에드그렌(Erik Edgren)이 찬송 형태로 편곡하여 널리 불리게 되었습니다. 스웨덴 민요를 콘트라팍툼(contrafactum: 원래의 가사를 새로운 가사로 대신하는 성악 작곡법)한 것이지만 가사와 음악의 분위기가 잘 어울려 세계적으로 애창되는 찬송입니다.

종교개혁 이후 예배의 변화는 새로운 음악을 필요로 했지만, 그 변화에 함께할 마땅한 음악이 없었습니다. 그래서 16세기 교회음악에는 가사만 찬송 가사로 바꾸어 세속음악을 사용한 경우가 많습니다. "성경이 금하지 않은 것은 무엇이든지 예배에서 사용이 가능하다"고 주장한 루터는 물론이고, "성경이 허락하는 것이 아니면 예배에서 사용할 수 없다"고 주장하여 엄격한 교회음악을 추구했던 칼빈도 세속음악의 곡조에 찬송 가사를 붙여 사용했습니다.

곡조는 국가, 클래식 작품, 민요, 가요 등에서 다양하게 차용했습니다. 국가를 예로 들면, 독일 국가의 선율인 "시온성과 같은 교회"(새 210), 러시아 국가인 "전능의 하나님", 영국 국가인 "피난처 있으니"(새 70)는 현재 사용되는 국가(國歌)들입니다. "내 주여 뜻대로"(새 549)는 베버가 작곡한 오페라 "마탄의 사수"에 나오는 선율이며, "기뻐하며 경배하세"(새 64)는 베토벤이 작곡한 합창 교향곡 "환희의 송가" 중에 나오는 선율입니다.

"주 하나님 지으신 모든 세계"는 스웨덴 민요이고, "천부여 의지 없어서"(새 280)와 "하늘 가는 밝은 길이"(새 493)는 스코틀랜드 민요입니다. "나 같은 죄인 살리신"(새 305)과 "신자 되기 원합니다"(새 463)는 미국 민요와 흑인영가에서 차용했습니다. 그리고 "오 거룩하신 주님"(새 145)은 본래 17세기 독일 대중가요에서 가져온 것입니다.

오 베들레헴 작은 골 새 120 · 통 120

작사_ 필립스 브룩스(Phillips Brooks, 1835-1893)
작곡_ 루이스 레드너(Lewis Henry Redner, 1830-1903)

• • •

1. 오 베들레헴 작은 골 너 잠들었느냐, 별들만 높이 빛나고 잠잠히 있으니
   저 놀라운 빛 지금 캄캄한 이 밤에, 온 하늘 두루 비춰줄 너 어찌 모르나.

2. 온 세상 모든 사람들 잠자는 동안에, 평화의 왕이 세상에 탄생하셨도다.
   저 새벽별이 홀로 그 일을 아는 듯, 밤새껏 귀한 그 일을 말없이 지켰네.

3. 오 놀라우신 하나님 큰 선물 주시니, 주 믿는 사람 마음에 큰 은혜 받도다.
   이 죄악 세상 사람 주 오심 모르나, 주 영접하는 사람들 그 맘에 오시네.

4. 오 베들레헴 예수님 내 맘에 오셔서, 내 죄를 모두 사하고 늘 함께하소서.
   저 천사들의 소식 나 기뻐 들으니, 오 임마누엘 예수님 내 맘에 오소서.

61 천사들은 참 행복하겠네요

필립스 브룩스(Phillips Brooks)는 제2차 대각성운동이 끝날 무렵인 1835년 미국 보스턴에서 태어나, 하버드대학교와 성공회신학교에서 공부했습니다. 모든 일에 열정이 넘쳤던 그는 198센티미터의 장신이었고 몸집도 거대했습니다. 어둡고 침침한 보스턴 거리도 그가 걸으면 보는 사람들의 마음이 밝아질 정도로 그는 사람들에게 큰 사랑을 받았습니다.

브룩스 목사는 27세부터 7년간 필라델피아의 홀리트리니티교

회에서 사역했고, 그 후에는 22년간 보스턴의 삼위일체교회에서 사역했습니다. 그는 당대에 높이 존경받던 성직자로 왕성한 활동을 펼쳤습니다. 브룩스 목사는 42세에 예일대학에서 설교학을 가르치기도 했습니다. 그는 당시 영국의 명설교가 스펄전(Charles Spurgeon) 목사, 그리고 미국의 무디(Dwight Moody) 목사와 더불어 하나님의 말씀을 호소력 있게 선포한 위대한 설교자였습니다.

브룩스 목사는 빠른 말로 박력 있게 설교했습니다. 그는 외워 놓은 200여 편의 찬송을 설교에 인용하여 듣는 사람들을 감동시켰습니다. 또 그가 쓴 글은 고루한 신학자들의 눈살을 찌푸리게 할 만큼 미국 교계에 큰 파장을 일으켰습니다.

유창한 설교자이자 작가인 브룩스 목사는 어린이를 무척 사랑했습니다. 그의 서재에는 언제나 어린이를 위한 장난감과 인형들이 흐트러져 있었습니다.

1868년 12월, 브룩스 목사는 서재 안에서 서성이고 있었습니다. 크리스마스를 앞두고 예수님의 탄생에 대한 설교를 준비하고 있었던 것입니다. 그리고 예배당에서는 오르간 연주자 루이스 레드너(Lewis Redner)가 성탄음악을 연습하고 있었습니다. 레드너는 아직 결혼하지 않은 총각이었지만 아이들을 극진히 사랑했습니다. 그가 주일학교 어린이들을 열심히 보살핀 덕에 35명이던 어린이들이 천 명을 넘어서게 되었습니다.

3년 전 크리스마스 무렵, 브룩스 목사는 성지순례를 하고 있었습니다. 성탄절에 그는 콘스탄티누스 황제가 세웠다는 베들레헴 예수탄생교회에서 성탄예배를 드렸습니다. 전날 밤 10시부터 새벽 3시까지 5시간이나 걸리는 예배를 드리며 그는 깊은 감동을 받았습니다. 그리고 예수님이 태어난 시절처럼 아직도 목자들이 양을 치는 베들레헴의 풍경을 미국의 교회 아이들에게 알려 주는 편지를 쓰는 데 많은 시간을 쏟았습니다.

서재에서 성탄예배를 준비하던 브룩스 목사의 머릿속에 문득 베들레헴 예수탄생교회에서 드렸던 예배가 떠올랐습니다. 그리고 양치는 들녘과 목동들에 대한 기억이 스쳐지나갔습니다. 성지순례에 대한 생생한 기억에 넋을 잃고 있던 브룩스 목사는 설교 준비를 미뤄 놓고 주일학교 어린이들을 위한 크리스마스 찬송을 쓰기 시작했습니다. 그는 베들레헴에서 받은 영감을 그대로 글로 옮겨 적었습니다. 그것이 바로 찬송 "오 베들레헴 작은 골"입니다.

이 찬송의 주제는 아기 예수님의 탄생입니다. 1절은 예수님이 탄생하신 작은 마을 베들레헴의 고요함과 그 위에서 빛나는 별을 묘사합니다. 2절은 평화의 왕으로 오신 예수님을 찬양합니다. 3절은 아기 예수님을 선물로 주신 하나님의 은혜를 찬양합니다. 4절은 "오 임마누엘 예수님 내 맘에 오소서"라며 나와 동행하셔서 내 삶을 다스려주시길 소원하고 있습니다.

브룩스 목사는 주일학교 교사이자 오르간 연주자인 루이스 레드너에게 곡을 붙여 달라고 부탁했습니다. 그러나 레드너는 악상이 떠오르지 않아 며칠 동안 그 시를 주머니에 넣고만 다녔습니다. 그러던 어느 깊은 밤, 천국에서 내려온 듯한 신비로운 선율이 마음속에 울려 퍼지며 레드너를 잠에서 깨웠습니다. 침대에서 급히 내려온 레드너는 멜로디를 적기 시작했습니다.

며칠 후 이 곡을 들은 브룩스 목사는 뛸듯이 기뻤습니다. 성탄절 아침, 홀리트리니티교회의 어린이들은 새로운 찬송 "오 베들레헴 작은 골"을 부르며 아기 예수님의 탄생을 찬양했습니다.

56세에 미국 매사추세츠의 성공회 주교가 된 브룩스는 2년 후 죽을 때까지 평생 독신으로 살면서 주님의 일을 했습니다. 역사가들은 그를 역동적이며 명쾌한 설교자라고 부릅니다. 작가들은 그를 '위풍당당한 얼굴'과 '커다란 골격' 그리고 '거인 같은 웅장함'을 갖춘 인물로 묘사합니다.

그러나 브룩스를 가장 잘 표현한 사람은 다섯 살짜리 여자아이입니다. 왜 그 커다란 아저씨가 보이지 않느냐고 꼬치꼬치 캐묻던 꼬마는, 그가 하늘나라에 갔다는 말을 듣고는 눈물을 글썽이더니 이렇게 말했습니다. "천사들은 참 행복하겠네요. 그 커다란 아저씨와 함께 있어서."[47]

내 주여 뜻대로 새 549 · 통 431

작사 _ 베냐민 슈몰크(Benjamin Schmolck, 1672-1737)
작곡 _ 카알 베버(Carl Maria von Weber, 1786-1826)
편곡 _ J.P. 홀브룩(J.P. Holbrook, 1822-1888)

. . .

1. 내 주여 뜻대로 행하시옵소서, 온몸과 영혼을 다 주께 드리니.
   이 세상 고락 간 주 인도하시고, 날 주관하셔서 뜻대로 하소서.

2. 내 주여 뜻대로 행하시옵소서, 큰 근심 중에도 낙심케 마소서.
   주님도 때로는 울기도 하셨네, 날 주관하셔서 뜻대로 하소서.

3. 내 주여 뜻대로 행하시옵소서. 내 모든 일들을 다 주께 맡기고
   저 천성 향하여 고요히 가리니, 살든지 죽든지 뜻대로 하소서.

62 타 죽어버린 두 아들

드디어 독일의 30년 전쟁이 끝났습니다. 총소리와 대포소리는 멈추었지만, 전쟁이 남기고 간 상처는 좀처럼 아물지 않았습니다. 도시는 폐허가 되었고, 사람들은 당장 살아갈 집조차 없었습니다.

그러나 무엇보다도 전쟁이 남긴 가장 큰 상처는 살아남은 사람들이 겪은 친구와 가족들의 죽음이었습니다. 1천6백만 명이던 인구는 절반 이상 사망하고 6백만 명으로 줄어들었습니다. 그리고 살아남은 사람들조차 흑사병으로 고통당하거나 병명을 알 수 없

는 질병에 걸려 죽어갔습니다.

아버지의 목회를 돕다가 루터교 목사가 된 베냐민 슈몰크(Benjamin Schmolck)는 전쟁 이후의 사역으로 바쁜 날들을 보내고 있었습니다. 슈몰크 목사 부부는 눈을 뜨자마자 성도들을 찾아 나서야 했습니다. 그들의 상한 몸과 마음을 달래는 일이 무엇보다 시급했습니다.

32세의 젊은 슈몰크 목사는 아내와 함께 그날 따라 조금 먼 곳으로 심방을 나갔습니다. 그들의 방문은 상처 입은 교인들에게 큰 위로가 되었습니다. 여러 곳을 들르고 해 질 무렵 집으로 돌아오고 있었습니다. 그런데 멀리서 보니 슈몰크 목사 사택에서 연기가 나는 것 같았습니다. 설마하며 재빨리 집으로 뛰어갔습니다. 도착해 보니 사택은 이미 홀랑 타버렸고 탄내만 진동하고 있었습니다. 어린 두 아들의 얼굴이 스쳐지나갔습니다.

"제발 살아있어야 하는데… 제발 살아있어야 하는데… 아이들이 밖에서 놀고 있었다면 사고를 당하지 않았을 텐데…. 아니, 이 아이들이 어디 있지?" 목이 터져라 두 아들을 불러보았지만 대답이 없었습니다. 정신 나간 듯이 여기저기를 살펴보던 슈몰크 목사는 어린 형제가 불에 새까맣게 타 죽어 있는 것을 발견했습니다. 슈몰크 부인은 그만 정신을 잃고 말았습니다.

'어찌 이럴 수 있단 말인가. 내가 심방을 가지 않았더라면 아이들을 살릴 수 있었을 텐데….' 슈몰크 목사는 하나님이 원망스러웠습니다. 이루 말할 수 없는 충격을 받은 슈몰크 목사 부부는 서로 쳐다보며 하염없이 눈물만 흘렸습니다.

그러던 중 죽음을 앞두고 땀방울을 핏방울처럼 흘리시며 기도하던 예수님의 모습이 떠올랐습니다. "나의 원대로 마옵시고 아버지의 원대로 하옵소서"(막 14:36) 하고 말씀하시던 예수님의 모습…. 말할 수 없는 비통함이 슈몰크 목사 부부를 짓눌렀지만, 우리를 구원하기 위해 오신 예수님이 당하신 모욕과 십자가의 고통을 생각하니 더이상 주님께 떼를 쓸 수 없었습니다.

"하나님, 이 죄인을 용서하십시오. 교만한 저를 용서하십시오. 약한 자를 도움으로써 의롭게 되었다고 착각한 저를 용서하십시오. 주님, 이제 무엇이든지 주의 뜻대로 행하시옵소서. 주의 뜻대로 행하시옵소서." 그가 할 수 있는 말은 이것뿐이었습니다. 그가 무릎을 꿇고 하나님께 울부짖으며 기도하던 중에 영감을 얻고 쓴 찬송이 바로 "내 주여 뜻대로"입니다.

나의 예수님, 주님께서 뜻하신 대로!
My Jesus, as Thou wilt!

오, 내 뜻을 주의 뜻대로 하소서!
Oh, may Thy will be mine!

주의 사랑의 손에 내 모든 것 맡깁니다.
Into Thy hand of love I would my all resign;

슬픔을 통해서나 기쁨을 통해서나
Through sorrow, or through joy,

나를 주의 소유로써 다루시고
Conduct me as Thine own,

내가 "주의 뜻이 이루어지이다"라고 말하도록 계속 도우소서.
And help me still to say, my Lord, Thy will be done!

우리는 하나님을 의지한다고 하면서 세상이 주는 경험, 명예, 힘, 물질을 더 의지할 때가 많습니다. 하나님보다 더 의지하는 것이 바로 우리의 우상입니다. 우리는 매우 연약해서 잠시뿐인 쾌락에 쉽게 빠져 버립니다. 무한한 즐거움을 주시는 하나님을 소유할 수 있는데 고작 돈을 선택하겠습니까? 기껏 명예를 선택하겠습니까?

하나님만이 우리의 가장 귀한 보물, 가장 큰 즐거움, 가장 강렬한 기쁨입니다. 그리스도인이 누리는 행복의 근거는 하나님이 우리를 사랑하시고, 우리를 아시고, 우리를 보호하시고, 우리에게 자신을 내어주시고, 우리가 그분의 영광을 위해 살아간다는 것입니다.

우리는 오늘도 우리의 뜻을 주님께 내려놓으며 고백합니다. 독일 작곡가 베버의 오페라 "마탄의 사수" 서곡의 곡조에 맞추어 우리의 신앙을 고백합니다. "살든지 죽든지 주의 뜻대로 하소서."

하늘이 푸르고 새 47

작사_강대식(1930-2005)
작곡_김규태(1954-)

...

1. 하늘이 푸르고 드높이 맑은 날, 찬란한 아침이 열리며 밝았네.
주 앞에 나아가 그 이름 부르면, 지은 죄 많아도 용서해 주시리.

2. 주 말씀 들으며 가슴을 여는 날, 기쁨의 파도가 밀려와 닿았네.
피곤한 몸과 맘 편안히 쉬는 날, 성전에 나와서 주 찬양하리라.

3. 걱정과 근심이 없어진 좋은 날, 새로운 희망이 솟구쳐 오르네.
생명의 양식을 땅에서 맛보면, 하늘의 은총을 넘치게 주시리.

63 절망에서 소망으로

평탄한 삶을 살아온 한 작곡가에게 예기치 않은 일이 닥쳤습니다. 자금이 부족해 어려움을 겪는다는 교회 장로님의 사정을 듣고 딱한 생각이 들어 돈을 마련해 준 것이 화근이 되었습니다. 결국 이 성실한 작곡가는 전 재산을 날릴 지경에 이르렀습니다. 모든 상황을 원점으로 되돌리기 위해 애써 보았지만 때는 이미 늦었습니다.

친척들의 도움까지 받아 마련해 준 큰 돈이기에 상황은 절망적이었습니다. 이름 있는 법률전문가들에게 사건을 의뢰했지만, 그들조차도 사건 해결의 실마리를 찾지 못했습니다. 도움을 받은 장로는 슬그머니 연락을 끊고 사라져버렸습니다. 작곡가는 밀려드는 배신감을 억누른 채 고통에 시달렸습니다. 시간이 지날수록 눈덩이처럼 불어나는 경제적 손실은 그와 가족들을 벼랑 끝으로 몰고 갔습니다.

이 이야기는 작곡가 김규태 교수의 이야기입니다. 그는 교회의 장로로서 또 음악감독으로서 하나님을 섬겨왔고, 한국의 유명 작곡가로서 다양한 작품활동을 펼쳐왔습니다. 그리고 대학의 교수로서 수많은 제자들을 길러냈습니다. 그렇게 많은 것을 누리며 살아온 그에게 견딜 수 없는 고통이 찾아온 것입니다.

안절부절못하고 초조하게 시간을 보내고 있던 어느 날, 찬송시 한 편이 그의 손에 들어왔습니다. 다음 구절이 근심으로 가득찬 그의 마음을 세차게 두드렸습니다.

> 걱정과 근심이 없어진 좋은 날
> 새로운 희망이 솟구쳐 오르네.
> 생명의 양식을 땅에서 맛보면
> 하늘의 은총을 넘치게 주시리.

하나님이 그를 찾아오신 것입니다. 하나님은 시를 통해 그의 상처받은 마음을 어루만지셨습니다. "하늘의 은총을 넘치게 주시리…." 김규태 교수는 셀 수 없을 만큼 계속 시를 읊조렸습니다.

어느새 그는 모든 것을 내려놓고 하나님께 나아갔습니다. "맞습니다. 제 기쁨은 땅이 아니라 하늘에 있습니다."

잠시 후 김규태 교수는 괴로움에서 되찾은 내면의 평화와 소망을 소리로 형상화해 나가기 시작했습니다. 고통의 울부짖음이 기쁨의 노랫소리로 변한 것입니다. 이것이 찬송 "하늘이 푸르고"입니다. 우리는 이 땅에 살고 있지만 진정한 기쁨은 하늘의 소망에 있습니다.

가난해졌다고 하나님을 버린다면, 우리의 우상은 돈입니다. 사람에게 사랑받지 못한다고 하나님을 버린다면, 우리의 우상은 대중의 관심입니다. 병에 걸렸다고 하나님을 버린다면, 우리의 우상은 건강입니다. 하나님은 당첨된 복권보다 더 좋은 것을 주십니다. 하나님은 인기보다 더 좋은 것을 주십니다. 하나님은 목숨보다 더 좋은 것을 주십니다. 바로 하나님 자신을···.

사탄은 우리를 너무 힘들게 하여 하나님과 멀어지게도 하지만, 때로는 우리를 매우 안락하게 하여 하나님을 잊어버리게 만들기도 합니다. 하나님이 주시는 '안락'이라는 선물을 거절하라는 뜻이 아닙니다. 하나님보다 그것을 더 기뻐하지 말라는 것입니다.

우리는 무엇으로 만족합니까? 영원하신 하나님입니까, 썩어 없어질 것들입니까? 선물을 주는 사람입니까, 선물입니까? 우리는 영원한 생명을 가졌습니다. 영원한 기쁨을 가졌습니다. 전지전능하신 하나님을 가졌습니다. 그분 외에는 그 무엇도 그 누구도 우리에게 영원한 만족을 줄 수 없습니다.

김규태는 학창 시절 한국 교회음악 토착화의 선구자인 나운영 교수의 문하에서 공부했습니다. 1970년대는 교회음악의 토착화라는 것이 낯설고 일반화되지 않았습니다. 청년 김규태는 나운영 교수가 지휘하는 성남교회의 성가대원으로 봉사하면서, 서양에서 발달한 교회음악을 한국음악의 전통과 결합하는 것에 관심을 두게 되었습니다. 그런 배경으로 미루어보면, 그가 지은 찬송 "하늘이 푸르고"에서 우리의 정서를 서양음악의 화성으로 조화롭게 융합시킨 것은 어쩌면 당연한 일입니다.

이 찬송은 토속적인 정서가 물씬 풍깁니다. 장단을 가미하면 자연스럽게 어깨춤이 나올 것 같은 느낌입니다. 이 찬송은 가사와 음악의 어울림이 좋습니다. 특히 클라이맥스인 마지막 행의 가사와 한 옥타브 하행하는 음계는 우리가 죄를 용서받기 위해 주님 앞에 나아가는 모습을 극적으로 표현합니다.

이렇듯 찬송가에는 살아있는 간증들이 숨어 있습니다. 이 찬송의 작곡가가 모든 것을 잃었을 때 고백한 것처럼 우리의 기쁨은 이 땅이 아니라 하늘에 있습니다. 그러므로 우리는 부요하든지 가난하든지, 웃든지 울든지, 배부르든지 굶주리든지, 건강하든지 병들든지, 먹든지 마시든지, 무엇을 하든지 하늘에 계신 아버지 한 분만으로 만족할 수 있습니다.

저 장미꽃 위에 이슬 새 442 · 통 499

작사 · 작곡 _ 찰스 마일즈(Charles Austin Miles, 1868-1946)

• • •

1. 저 장미꽃 위에 이슬 아직 맺혀 있는 그때에
   귀에 은은히 소리 들리니 주 음성 분명하다.
   (후렴) 주님 나와 동행을 하면서 나를 친구 삼으셨네.
   우리 서로 받은 그 기쁨은 알 사람이 없도다.

2. 그 청아한 주의 음성 우는 새도 잠잠케 한다.
   내게 들리던 주의 음성이 늘 귀에 쟁쟁하다.

3. 밤 깊도록 동산 안에 주와 함께 있으려 하나
   괴론 세상에 할 일 많아서 날 가라 명하신다.

64 그 기쁨 알 사람이 없도다

　아담 가이벨(Adam Geibel)은 어릴 적 눈병으로 시력을 완전히 잃었습니다. 전혀 앞을 볼 수 없는 그에게 외동딸이 있었는데, 그녀는 신실한 남자를 만나 결혼하여 행복한 나날을 보내고 있었습니다. 딸 부부가 한창 신혼의 단꿈을 펼칠 즈음, 청천벽력 같은 소식이 날아들었습니다. 사위가 다니는 제철회사에서 폭발사고가 일어나 여러 명이 죽었는데, 사망자 명단에 사위의 이름이 있다는 것이었습니다.

　시신을 알아보기 힘들 정도로 큰 사고였습니다. 가이벨은 현실이 믿기지 않았습니다. '내가, 딸이, 또 사위가 얼마나 하나님을 잘 섬겼던가! 어찌 이런 일이 우리 가족에게 일어난단 말인가. 내 눈도 모자라 딸의 사랑까지 앗아가다니….' 가이벨은 하나님을 향한 원망스러운 마음을 억누를 수가 없었습니다. 하나님의 뜻이 어디에 있는지 도무지 이해할 수 없었습니다.

장례식을 마치고 시간이 조금 흘렀을 때, 가이벨은 절친한 친구인 찬송작가 찰스 마일즈(Charles Miles)를 찾아갔습니다. 자신의 슬픔을 말하고 위안을 얻고 싶었던 것입니다. 그는 하나님의 동행하심을 믿고 의지해 왔는데, 가족에게 이런 고통을 주시는 하나님께 기도해야 하는지를 물었습니다. 그리고 고통스러웠던 지난 삶을 모두 풀어놓았습니다.

가이벨의 이야기를 들은 마일즈는 그 어떤 말로도 친구를 위로할 수 없었습니다. 마일즈는 좋은 시를 지어서 친구를 위로해야겠다고 생각했는데, 가이벨이 먼저 실의에 빠진 가족들을 위해 시를 써줄 것을 부탁했습니다. 마일즈는 친구에게 시를 선물했습니다.

나 홀로 동산에 나왔네.
I come to the garden alone

이슬이 아직 장미꽃 위에 맺혀 있을 때.
While the dew is still on the roses

내 귀에 들려오는 목소리
And the voice I hear falling on my ear

하나님의 아들이 들려주시는 음성이라네.
The Son of God discloses.

(후렴)
그가 나와 함께 거닐고 이야기하시며
And He walks with me, and He talks with me,

'너는 내 것이라'고 말씀하시네.
And He tells me I am His own;

우리가 거기 머물며 나눈 그 기쁨
And the joy we share as we tarry there,

아무도 알지 못한다네.
None other has ever known.

이 찬송은 시각과 청각의 요소가 가미되어 한 편의 영화를 보는 것 같은 느낌을 줍니다. 찬송 가사는 시간의 흐름에 따라, 1절은 주인공이 홀로 동산을 걷고 있고, 2절은 말씀을 들려주시는 주님의 음성을 들으며, 3절은 이제 주님과 헤어져야 하는 서운함을 표현하고 있습니다. 마일즈는 이 시에 대해 이렇게 말했습니다. "1912년 3월 어느 날이었습니다. 나는 사진기와 현상 장비, 그리고 오르간이 있는 암실에 앉아서 내가 정말로 좋아하는 요한복음 20장을 펼쳐 들고 읽었습니다. 예수님이 막달라 마리아를 만나시는 광경에는 나를 매혹시키는 힘이 있었습니다. 그 말씀을 읽을 때 내가 그 장면 속에 있는 것 같은 느낌이 들었고, 마리아가 주님 앞에 무릎 꿇고 '랍오니(선생님)여!'라고 부르던 극적인 순간에도 내가 말없는 증인이 되어 있었습니다. 이 환상에서 받은 영감으로 '저 장미꽃 위에 이슬'을 재빠르게 써내려갔습니다."

작가가 밝혔듯이 이 찬송은 요한복음 20장을 배경으로 합니다. 예수님이 돌아가시고 사흘째 되는 날 새벽, 장미꽃 위에 이슬이 아직 맺혀 있을 때였습니다. 막달라 마리아는 예수님의 시체에 향유를 바르기 위해 혼자서 동산을 찾았습니다. 그런데 무덤을 봉했던 돌이 옮겨졌고, 시체는 없어졌으며, 흰 옷 입은 두 천사가 있었습니다. 그때 뒤에 서 계시던 예수님이 "여자여, 어찌하여 울며 누구를 찾느냐?"라고 물으셨습니다. 하지만 마리아는 예수님을 알아보지 못했습니다. 그녀는 예수님이 "마리아야!"라고 이름을 부르시는 목소리를 듣고서야 알아차리고 "랍오니여!"라고 주님을 불렀습니다.

예수님이 하신 한 마디 "마리아야!"는 지금까지의 모든 슬픔과 고통을 단숨에 날려버렸습니다. 그분은 지금도 우리의 이름을 부르실 뿐 아니라 "너는 내 것이라"고 말씀하십니다. 어떠한 슬픔과 아픔도 주님과 동행할 때 모두 사라집니다. 우리는 근심하는 자 같으나 항상 기뻐하고, 가난한 자 같으나 많은 사람을 부요하게 하고, 아무것도 없는 자 같으나 모든 것을 가진 자입니다(고후 6:10). 오 거룩한 비밀이여, 우리 서로 받은 그 기쁨 알 사람이 없도다.

너 근심 걱정 말아라 새 382 · 통 432

작사 _ 시빌라 마틴(Civilla Durfee Martin, 1869-1948)
작곡 _ 월터 마틴(Walter Stillman Martin, 1862-1935)

* * *

1. 너 근심 걱정 말아라, 주 너를 지키리.
   주 날개 밑에 거하라, 주 너를 지키리.
   (후렴) 주 너를 지키리 아무 때나 어디서나,
   주 너를 지키리 늘 지켜 주시리.

2. 어려워 낙심될 때에 주 너를 지키리.
   위험한 일을 당할 때 주 너를 지키리.

3. 너 쓸 것 미리 아시고 주 너를 지키리.
   구하는 것을 주시며 주 너를 지키리.

4. 어려운 시험 당해도 주 너를 지키리.
   구주의 품에 거하라 주 너를 지키리.

65 축복의 노래

시빌라 마틴(Civilla Martin) 여사는 캐나다 노바스코샤 출신으로 대학에서 음악을 공부한 후 학생들을 가르쳤습니다. 몇 년 후 하버드대학 출신인 월터 마틴(Walter Martin) 목사를 만나 결혼하고 남편을 도와 전도에 힘쓰며 틈틈이 글을 쓰는 데 시간을 보냈습니다.

마틴 목사 부부는 아홉 살 난 아들과 함께 몇 주간 뉴욕의 한 성경학교를 방문하고 있었습니다. 찬송가집을 만들고 있는 성경학교 교장인 데이비드를 돕기 위해서였습니다. 어느 주일 저녁 마틴 목사는 그곳에서 조금 떨어진 시골 교회에서 설교하기로 약속되어 있었습니다. 그런데 부인 시빌라가 갑자기 아파 마틴 목사는 설교하러 갈 수 없게 되었습니다. 고민 끝에 설교를 못하게 되어 미안하다고 연락하려던 차에 어린 아들이 말했습니다. "아빠! 아빠가 오늘밤 교회에서 설교하는 것이 하나님의 뜻이라면 아빠가 안 계신 동안 하나님이 엄마를 지켜주실 거예요. 그렇지 않겠어요?" 그 말에 감동받은 마틴 목사는 어린 아들의 믿음을 대견하게 생각하며 평안한 마음으로 교회로 향했습니다. 그날 설교는 말씀을 전하는 자와 듣는 자가 모두 큰 은혜를 받았습니다.

병상에 누워 있던 마틴 부인은 아들이 던진 믿음직스러운 말에 큰 감동을 받았습니다. 마틴 부인은 혼자 중얼거렸습니다. '그렇지. 우리는 너무 쉽게 하나님을 잊어버리지. 그리고 뭐든지 자신의 힘으로 하려 들지.' 그리고는 어린 아들의 손을 꼭 잡고 말했습니다. "아들아, 네 말이 맞다. 우리는 걱정할 것이 하나도 없단다. 하나님이 엄마를 지키시는데 무슨 걱정이 있겠니?" 마틴 부인은 고통이 사라지는 듯했습니다. 마틴 부인이 감사기도를 드리는데, 주님의 음성이 또렷이 들려왔습니다. "내가 너를 지키리라." 마틴 부인은 졸지도 주무시지도 않고 돌보시는 하나님을 고백하기 시작했습니다.

하나님께서 널 지켜주시리.
God will take care of you,

매일매일 그리고 마지막까지.
Through everyday, over all the way;

그분이 널 지켜주시리.
He will take care of you,

하나님께서 널 지켜주시리.
God will take care of you.

설교를 마치고 마틴 목사가 밤늦게 돌아왔을 때, 마틴 부인은 환한 미소를 지으며 시 한 편을 건네주었습니다. 어린 아들이 건넨 고무적인 한 마디에 부부는 힘을 얻었고, 마틴 부인이 떠오른 영감을 글로 옮긴 것입니다. 마틴 목사는 쓸데없이 걱정한 일을 하나님께 회개하고 오르간 앞에 앉아 즉흥적으로 연주하며 아내가 지은 시를 노래했습니다.

세 식구가 함께 쓴 찬송이 태어난 것입니다. 바로 "너 근심 걱정 말아라"입니다. 그날 밤, 가족 찬양예배를 드리게 될 줄은 아무도 몰랐습니다. 아픔은 사라지고 병상의 고통이 넘치는 기쁨으로 변했습니다. 세 식구가 부르는 확신에 찬 찬양이 집안에 가득했습니다.

찬송 "너 근심 걱정 말아라"는 축복송입니다. 각 절마다 '하나님께서 널 지켜주시리'(God will take care of you.)를 다섯 번이나 반복하고 있기 때문입니다. 이 찬송은 하나님이 시간과 장소를 가리지 않고 우리를 지켜주신다는 위대한 복의 선언입니다.

1절은 우리에게 근심 걱정을 하지 말라고 명령합니다. "여호와 그가 네 앞에서 가시며 너와 함께 하사 너를 떠나지 아니하시며 버리지 아니하시리니 너는 두려워하지 말라 놀라지 말라"(신 31:8). 2절은 위험한 일을 당할 때도 지켜주신다고 축복합니다. "너는 밤에 찾아오는 공포와 낮에 날아드는 화살과 어두울 때 퍼지는 전염병과 밝을 때 닥쳐오는 재앙을 두려워하지 아니하리로다"(시 91:5-6). 3절은 우리의 쓸 것을 미리 아시고 지켜주신다고 축복합니다. 하나님은 우리가 구하지 않은 것까지도 주십니다. 그러므로 무엇보다도 먼저 주님의 나라와 의를 구하면 그 모든 것을 더해 주겠다고 말씀하십니다(마 6:33). 4절은 어려운 시험이 닥쳐도 주님께서 지켜주신다고 축복합니다. 하나님은 우리가 감당할 시험을 주시며 또한 피할 길을 내사 능히 감당할 수 있게 하십니다(고전 10:13).

이 찬송은 서로 축복하는 대단히 멋진 찬송입니다. 가정에서, 교회에서, 어떤 모임에서든지 서로 하나님의 복을 빌어주십시오. 근심하는 이에게, 먼길을 떠나는 친구에게, 입대하는 형제에게, 그리고 결혼하여 부모의 품을 떠나는 자녀에게 늘 지켜주시는 하나님의 축복을 기원하십시오. 이 얼마나 위대한 축복의 노래입니까!

· 주 ·

1) 1050년에 마이르 벤 이사크 느호라이(Meir Ben Isaac Nehorai)가 지은 이 찬송시는 아주 오래된 유대교 찬양시 "하다무트-서곡"(Haddamut-Prelude)에서 온 것이다. "하다무트"는 유월절 7주 후에 시작되는 '칠칠절'(Shavuot)의 첫날 예식에서 십계명을 읽기 직전에 부르는 찬송이다. 이 찬송은 창조주 하나님의 능력을 찬양하는 내용이다.

2) Clint Bonner, *A Hymn Is Born*, p.79.

3) Wesley L. Forbis, ed. *Handbook to The Baptist Hymnal*, p.190.

4) 본래 외경의 '집회서'(Ecclesiasticus) 50장 22-24절 말씀에 근거하여 1절은 감사, 2절은 간구, 3절은 영광송(Gloria Patri)을 변형시킨 것이다.

5) 『그리스도를 본받아』 *(The Imitation of Christ)*는 기독교 역사상 아주 오랫동안 읽혀 온 책이다. 토머스 아 켐피스(Thomas a Kempis)가 쓴 이 책은 내용이 쉽게 구성되어 있고, 지금까지도 독자들에게 깊은 감동을 주고 있다. 모두 4부로 구성되었는데, 1부는 영적 생활에 유익한 권면을, 2부는 사람들로 하여금 삶 가운데 물질적인 면보다 영적인 면에 더욱 큰 관심을 둘 것을 권면하고 있다. 3부는 그리스도 안에 사는 사람들에게 찾아오는 위안을 증언하고 있다. 4부는 개인의 신앙이 어떻게 성찬식을 통하여 믿음을 실천해야 하는지 권면하고 있다.

6) 'When we've been here ten thousand years…'로 시작되는 6절은 한국 찬송가 책에는 생략되었는데, 이것은 작자 미상이다.

7) Clint Bonner, *A Hymn Is Born*, p.32.

8) 장인식, 『영시로 읽어 보는 찬송가 이야기』 (서울: 도서출판 신성, 2006), p.5.

9) 2011. 9. 2. 인터넷 접속, http://cafe.daum.net/pudaeri/Ccn1/70.

10) 설교 내용은 일본 경찰이 압수하여 분실되었지만 설교를 들었던 김린서 목사가 나중에 정리한 내용을 요약한 것이다.

11) 페더스톤이 태어난 해는 1842년과 1846년 중 하나로 추정되지만, 그와 그의 가족이 다니던 몬트리올의 감리교회 기록에 따르면 후자가 신빙성이 더 높다. Wesley L. Forbis, ed. *Handbook to The Baptist Hymnal,* p.194.

12) 2011. 10. 8. 인터넷 접속, http://songsandhymns.org/hymns/detail/my-jesus-i-love-thee

13) 시메온 마쉬(Simeon Marsh)는 뉴욕 쉐르본에서 태어나 오르간 연주자, 합창지휘자 및 노래학교 교사로 활동했다. 그가 쓴 이 찬송의 멜로디는 원래 1834년 뉴턴의 부활절 찬송 "Mary to Her Saviour's tomb"의 곡조로 작곡되었고, 웨슬리의 찬송시와 함께 수록된 것은 존스(D. E. Jones)가 편집한 『템플멜로디』(*Temple Melodies,* 1851)이다.

14) 본래 이 찬송은 모두 9절로 구성되었지만 한국 찬송가 책에는 모두 5절로 구성되었다. Wesley L. Forbis, ed. *Handbook to The Baptist Hymnal,* p.186.

15) 1절. I gave, I gave My life for thee,
　　　what hast thou given for Me?

　2절. I left, I left it all for thee,
　　　hast thou left aught for Me?

　3절. I've borne, I've borne it all for thee,
　　　what hast thou borne for Me?

　4절. I bring, I bring rich gifts to thee,
　　　what hast thou brought to Me?

16) "메시아" 중 '문을 열라'(Lift Up Your Heads, O Ye Gates)와 '내 백성을 위로하라'(Comfort Ye, My People)에서 발췌하여 편곡한 것으로 보인다. Wesley L. Forbis, ed. *Handbook to The Baptist Hymnal,* p.176.

17) Clint Bonner, *A Hymn Is Born,* pp.105-106.

18) http://www.porthopehistory.com/jmscriven/josephscriven.htm

19) 존 웨슬리가 지은 『신성한 선율』(Sacred Melody, 1761)의 서문.

20) 조셉 키플링은 1865년 인도 봄베이에서 태어났으며, 영국의 소설가이자 시인이다. 대표작으로 『정글북』 등이 있다.

21) Clint Bonner, *A Hymn Is Born*, pp.24-25.

22) 1836년에 출간된 『찬송집』(The Invalid's Hymn Book)에 "내게 오는 자는 내가 결코 내쫓지 아니하리라"(요 6:37)는 말씀과 함께 수록되었다.

23) 곡명 REGENT SQUARE는 영국 『장로교찬송가』(Psalms and Hymns for Divine Worship, 1867)에 이 곡을 처음 소개한 편집자 해밀턴(James Hamilton) 목사가 목회하던 장로교회의 이름이다.

24) Clint Bonner, *A Hymn Is Born*, pp.37-38.

25) Ruth C. Duck, *Circles of Care: Hymns and Songs* (Cleveland: The Pilgrim Press, 1998). 그녀가 사용한 찬송 낱말은 'she, her, sister, Christa(그리스도의 여성화된 이름), mother' 등이다. 덕(Ruth C. Duck)은 기존의 찬송가의 가사 'Lord, He, His, King Him'을 'God'로 바꾸었다.

26) Clint Bonner, *A Hymn Is Born*, pp.45-46.

27) Clint Bonner, *A Hymn Is Born*, p.10.

28) 원래 찰스 웨슬리는 각 행의 끝에 '할렐루야'를 붙이지 않았는데, 후에 마틴 메이든(Martin Madan)이 붙였다.

29) Clint Bonner, *A Hymn Is Born*, pp.39-40.

30) Wesley L. Forbis, ed. *Handbook to The Baptist Hymnal*, p.225.

31) Clint Bonner, *A Hymn Is Born*, pp.29-30.

32) David W. Music, Mulburn Price, *A Survey of Christian Hymnody*, pp.94-96.

33) 영문 'D'는 두 배(double)의 약자다. '8.7.8.7.D.'는 8.7.8.7/8.7.8.7을 말한다. 영문 'IRREG.'는 불규칙한 운율(irregular meter)의 약자다. 또 영문 'Ref.'는 후렴(refrain)의 약자다. "S.M.D.Ref."는 운율이 6.6.8.6/6.6.8.6에 후렴이 있는 것을 말한다. S.M.은 Short Meter(단운율)를 말한다.

34) 김남수, 『찬송의 이해』, (대전: 침례신학대학교 출판부, 2011), p.166-167.

35) 1832년 파머는 New Haven Association of Congregational Ministers로부터 설교할 수 있는 자격증(Preaching License)을 받았으며, 1835년 회중교회(Central Congregational Church)에서 목사 안수를 받았다. 찬송 "못 박혀 죽으신"은 파머가 1830년에 작사하고 메이슨이 1832년에 작곡했다.

36) 1861년 찬송가 책을 편집하던 윌리엄 몽크(William Monk)는 "때 저물어서 날이 어두니"에 이미 붙여져 있는 음악이 가사와 어울리지 않는다고 생각했다. 몽크는 그 자리에서 단시간에 "때 저물어서 날이 어두니"와 잘 어울리는 새로운 곡을 만들었다.

37) Clint Bonner, A Hymn Is Born, pp.76-77.

38) 1739년에 지어진 "Hark, How All the Welkin Rings!"의 가사는 조지 휫필드 목사가 1753년 찬송집(Collection)을 편집할 때 현재 사용되는 "Hark, the Herald Angels Sing"으로 수정하였다.

39) Clint Bonner, A Hymn Is Born, pp.26-27.

40) Clint Bonner, A Hymn Is Born, pp.145-146.

41) 현재도 많이 불리는 뉴턴의 대표적인 찬송은 "귀하신 주의 이름은"(통 81), "시온성과 같은 교회"(새 210), "나 같은 죄인 살리신"(새 305)이다.

42) Clint Bonner, A Hymn Is Born, pp.55-56. 히버는 43년을 살면서 57편의 찬송을 썼다.

43) Gloria Parti et Filio et Spiritui Sancto Sicut erat in principio et nunc et semper et in saecula saeculorum. Amen. 조숙자, 『한국 개신교 찬송가 연구』(서울: 장로회신학대학교 출판부, 2003), p.157.

44) Clint Bonner, *A Hymn Is Born*, pp.8-9.

45) 이중태, 『은혜로운 찬송설교』 (서울: 예찬사, 2001), pp.24-25.

46) Clint Bonner, *A Hymn Is Born*, p.113.

47) Clint Bonner, *A Hymn Is Born*, pp.102-103.

• 참고문헌 •

김남수. 『예배와 음악』. 대전: 침례신학대학교 출판부, 2008.
_____, 『하나님이 찾으시는 찬양』. 서울: 예솔출판사, 2010.
_____, 『찬송의 이해』. 대전: 침례신학대학교 출판부, 2011.
_____, 『찬송 데스칸트』. 서울: 미완성출판사, 2011.

김대권. 『교회음악 철학』. 서울: 도서출판 중앙아트, 2003.

김명엽. 『김명엽의 찬송교실』. 서울: 예솔출판사, 2010.

김세광. 『예배와 현대문화』. 서울: 대한기독교서회, 2005.

로빈 레버 · 조이스 핸 짐머만. 『예배와 음악』. 허정갑 · 김혜옥 역. 서울: 연세대학교 출판문화원, 2009.

마크 드리스콜. 『신약성경 어떻게 읽을 것인가』. 윤석인 역. 서울: 부흥과 개혁사, 2010.

문성모. 『우리가락 찬송가와 시편교독송』. 서울: 가문비, 2011.

문옥배. 『한국찬송가 100년사』. 서울: 예솔, 2002.

오소운. 『21세기 찬송가 연구』. 서울: 성서원, 2011.

이문승. "한국찬송가의 선율형 연구: 가사와 음악과의 관계를 중심으로," 『한국기독교학회 정기학술대회 자료집(하)』, 37차 (2008): 609-10.

이상일. "21세기 한국 문화와 회중찬송," 『장신논단』, 37집 (2010): 190-218.

이중태. 『은혜로운 찬송설교』. 서울: 예찬사, 2001.

장인식. 『영시로 읽어 보는 찬송가 이야기』, 서울: 도서출판 신성, 2006.

조숙자. 『한국 개신교 찬송가 연구』. 서울: 장로회신학대학 출판부, 2003.

케네스 오스벡. 『교회음악과 예배에 관한 13가지 레슨: 그 영원한 노래』. 박희봉 역. 서울: 국제제자훈련원, 2010.

한국찬송가공회. 『21세기 찬송가』. 서울: 아가페출판사, 2012.

홍정수. 『교회음악 예배음악 신자들의 찬양』. 서울: 장로회신학대학교 출판부, 2002.

Best, Ernest. *A Critical and Exegetical Commentary on Ephesians*. Edinburgh: T&T Clark, 1998.

Best, Harold M. *Music through the Eyes of Faith*. NY: Harper Collins Publishers, 1993.

Bonner, Clint. *A Hymn Is Born*. Nashville, Tennessee: Broadman Press, 1959.

Eskew, Harry & McElrath, Hugh T. *Sing with Understanding*. Nashville, Tennessee: Broadman Press, 1995.

Forbis, Wesley L. ed. *Handbook to The Baptist Hymnal*. Nashville, Tennessee: Convention Press, 1992.

Grindal, Gracia. *Lessons in Hymnwriting*. Boston: The Hymn Society in the United States and Canada, 2000.

Hooper, William L. *Ministry & Musician*. Nashville, Tennessee: Broadman Press, 1986.

Hustad, Donald P. *Jubilate II: Church Music in Worship and Renewal*. Illinois: Hope Publishing Company, 1993.

Johansson, Calvin M. *Music & Ministry, A Biblical Counterpoint*. Peabody, Massachusetts: Hendrickson Publishers, Inc., 1990.

Lewis, C. S. *Christian Reflections*. Grand Rapids, Michigan: William B. Publishing, 1994.

Liesch, Barry. *The New Worship*. Grand Rapids, Michigan: Baker Books, 2001.

Lovelace, Austin C, William C. Rice. *Music and Worship in the Church.* Nashville, Tennessee: Abingdon Press, 1990.

Music, David W. *Hymnology: A Collection of Source Reading.* Maryland: Scarecrow Press, 1996.

Music, David W, Milburn Price. *A Survey of Christian Hymnody.* Illinois: Hope Publishing Company, 1999.

Pass, David B. *Music and the Church.* Nashville, Tennessee: Broadman Press, 1989.

Reynolds, William J. *Hymnology Supplement.* Texas: Southwestern Baptist Theological Seminary, 1993.

Routley, Erik. *Church Music and the Christian Faith.* Illinois: Agape, 1978.

Schilling, S. Paul. *The Faith We Sing.* Philadelphia: The Westminster Press, 1983.

Stapert, Calvin R. *A New Song for an Old World: Musical Thought in the Early Church.* Grand Rapids, Michigan: William B. Eerdmans Publishing Company, 2007.

Sydnor, James Rawlings. *Introduction A New Hymnal, How to improve Congregational Singing.* Chicago, Illinois: G.I.A. Publications Inc., 1989.

Westermeyer, Paul. *The Church Musician.* San Francisco: Harper & Row Publishers, 1997.

은혜와 감동이 있는
숨겨진 찬송이야기

초판 1쇄 발행   2012년 09월 03일
초판 11쇄 발행 2022년 02월 15일

지은이   김남수

펴낸이   곽성종
기획편집   방재경
디자인   투에스

펴낸곳   (주)아가페출판사
등록   제21-754호(1995. 4. 12)
주소   (06698) 서울시 서초구 효령로8길 5 (방배동)
전화   584-4835(본사) 522-5148(편집부)
팩스   586-3078(본사) 586-3088(편집부)
홈페이지   www.agape25.com
판권   ⓒ 2012 김남수
ISBN   978-89-97713-10-3 (03230)

저작권법에 의하여 한국 내에서 보호받는 저작물이므로
무단전재와 복제를 금합니다.

아가페 출판사